Superação e equilíbrio emocional

LEO FRAIMAN

Superação e equilíbrio emocional

35 CAMINHOS PARA ENFRENTAR OS **NOVOS TEMPOS**

Copyright © 2020 Leo Fraiman

Todos os direitos reservados pela Editora Gutenberg. Nenhuma parte desta publicação poderá ser reproduzida, seja por meios mecânicos, eletrônicos, seja via cópia xerográfica, sem a autorização prévia da Editora.

EDITORA RESPONSÁVEL
Flavia Lago
PREPARAÇÃO DE TEXTO
Cecília Martins
Samira Vilela
REVISÃO
Júlia Sousa
Mariana Faria
CAPA E DIAGRAMAÇÃO
Diogo Droschi

Dados Internacionais de Catalogação na Publicação (CIP)
Câmara Brasileira do Livro, SP, Brasil

Fraiman, Leo
    Superação e equilíbrio emocional : 35 caminhos para enfrentar os novos tempos / Leo Fraiman. -- 1. ed. -- São Paulo : Gutenberg, 2020.

    ISBN: 978-65-86553-15-4

    1. Ansiedade 2. Autoajuda 3. Autoconhecimento 4. Conduta de vida 5. Emoção 6. Equilíbrio (Psicologia) 7. Logoterapia 8. Saúde emocional 9. Transformação pessoal I. Título.

20-36355   CDD-158.1

Índices para catálogo sistemático:
1. Transformação pessoal : Psicologia aplicada   158.1

Maria Alice Ferreira - Bibliotecária - CRB-8/7964

A **GUTENBERG** É UMA EDITORA DO **GRUPO AUTÊNTICA** ©

São Paulo
Av. Paulista, 2.073, Conjunto Nacional, Horsa I
23º andar . Conj. 2310-2312.
Cerqueira César . 01311-940 São Paulo . SP
Tel.: (55 11) 3034 4468

www.editoragutenberg.com.br

Belo Horizonte
Rua Carlos Turner, 420
Silveira . 31140-520
Belo Horizonte . MG
Tel.: (55 31) 3465 4500

SUMÁRIO

	Apresentação	*7*
1	Autoconhecimento	*15*
2	Lições da pandemia	*21*
3	Como você quer se lembrar deste momento daqui a cinco anos?	*26*
4	É tristeza ou depressão?	*28*
5	O poder do "ainda"	*34*
6	E se...	*38*
7	Sabedoria: uma união da humildade com a curiosidade	*40*
8	Escreva seus sentimentos	*43*
9	Corpo são, mente sã	*51*
10	Chorar faz bem	*55*
11	A arte de perceber pequenas bênçãos no dia a dia	*59*
12	Saber ouvir o chamado da vida	*66*
13	Pequenos passos, um dia por vez	*70*
14	Aprender algo novo alimenta o cérebro	*73*
15	Uma maneira simples de turbinar sua autoestima	*79*
16	As fases do pijama	*83*
17	Não conte com a ajuda dos outros. Nem sempre eles podem, sabem ou querem ajudar	*85*

18	O poder do diálogo interno	*91*
19	O fator "A vida é bela"	*95*
20	Pratique o silêncio algumas vezes por dia	*97*
21	Chega de desculpas	*103*
22	Os mimadinhos sofrem mais	*105*
23	O sentido da vida	*110*
24	Não importa (tanto) o que você quer da vida, e sim o que a vida quer de você	*116*
25	Mergulhar sem boia em busca do novo	*119*
26	"Aceita que dói menos"	*123*
27	O poder de decidir quem você é	*128*
28	Saindo da caverna	*131*
29	Esqueça um pouco do seu umbigo	*134*
30	Assumindo o comando	*140*
31	Deixe o novo entrar	*142*
32	Constância vale mais do que intensidade	*146*
33	Limpar, consertar, polir. Esqueça um pouco de si, só por hoje	*152*
34	Como lidar com a nossa vulnerabilidade	*154*
35	Como desenvolver sua força de vontade e dar um *up* na autoestima	*162*
	Filmes e séries sobre superação e equilíbrio emocional	*166*
	Referências	*172*
	Agradecimentos	*173*

Apresentação*

"Perdi o caminho."

"Estou sem rumo."

"Por onde começo?"

"Não sei o que fazer da minha vida..."

"Que rumo vou dar à minha carreira agora?"

"Não sei para onde ir."

Se você se sente assim – perdido, infeliz, sem saber para onde ir nem como sair da situação em que se encontra –, este livro é para você. Meu convite é caminharmos juntos e encontrarmos novas possibilidades, novos caminhos, novas estratégias para você superar as suas dificuldades e encontrar seu equilíbrio emocional.

Vivemos um tempo em que há um imperativo para sermos felizes. Com frequência nos esforçamos para transmitir, especialmente nas redes sociais, a imagem de uma vida maravilhosa, mesmo que falsa. Pesquisas mostram que isso tem gerado mais angústia do que felicidade, pois já não conseguimos bancar uma exposição massiva e desenfreada de nossas vidas. Isso cansa. Machuca. Desumaniza. Se uma pessoa não se sente feliz, se está vivendo um momento difícil, ela se sente um fracasso, como se fosse a única perdedora num mundo de aparências. Como isso dói!

Especialmente neste momento, com tantos acontecimentos atordoantes à nossa volta, é fácil nos sentirmos desolados, machucados e

---

* Nota da edição: ao longo do livro, você encontrará "QR Codes" que o levarão a vídeos inspiradores, selecionados especialmente para que a leitura seja ainda mais prazerosa. Há, também, a seção "História para inspirar", que traz relatos baseados em casos reais, a partir da experiência de Leo Fraiman como psicoterapeuta.

inseguros sobre o que fazer com a nossa dor, com a nossa vida, com a nossa carreira. Nessas horas, não é incomum que os amigos se afastem, o que nos faz sentir ainda piores.

É importante, porém, saber que, se sentimos dor, é porque uma pequena chama de vida continua acesa dentro de nós. Sua pele dói quando você se corta como um sinal de que você se feriu, indicando que não está anestesiado. A dor pode ser entendida como um pedido do seu corpo para que você se cuide, faça um curativo, passe uma pomada e se restabeleça. Com a alma é a mesma coisa. A dor que sentimos em nosso coração é um sinal de que nossa vida está pedindo para ser repensada, a fim de revermos nossos pensamentos, sentimentos e ações, e encontrarmos um novo sentido à nossa vida. A dor não é o ponto final, é o ponto de partida para o novo que precisa entrar: novas ideias, novas aspirações, novas posturas. É disso que se trata este livro. Viktor E. Frankl, importante neuropsiquiatra austríaco, é autor de *Em busca de sentido: um psicólogo no campo de concentração* (1946), um dos livros mais relevantes da história sobre o tema da superação. Nessa obra, ele diz que a angústia "é sinal de uma distância entre o que vivemos e o que queríamos viver, entre o que somos e o que queremos ser". Sentir-se angustiado não indica que você é fraco, mas sim que sua alma está lhe pedindo mais, está lhe pedindo para ir além, para nadar até a outra margem do rio, para não se abandonar. A angústia é um chamado de vida.

Sem forças, direção ou esperança, desistir parece tentador. Mas não precisa ser assim. Talvez você esteja se sentindo desnorteado, mas nem tudo está perdido. Percebe a diferença? Não saber para onde ir não significa que não há caminhos. Pois há, sim, e são muitos, como veremos ao longo deste livro. Vale ressaltar, porém, que você não encontrará respostas prontas, pois isso seria um desrespeito à sua humanidade. Afinal, uma das coisas que nos define como seres humanos é o fato de sermos únicos, dotados da capacidade de fazermos escolhas e encontrarmos nosso propósito nesta vida.

Este livro foi escrito em meio à pandemia de COVID-19, o novo Coronavírus, num momento em que o planeta se encontra angustiado, perdido, desolado, humilhado. Isoladas em casa, milhões de pessoas buscam por orientação na Internet, por meio das redes sociais ou da televisão, tentando encontrar uma luz, um caminho a seguir. Afinal, além do perigo iminente de adoecer ou perder alguém querido, há o medo do desemprego, da fome e da violência que uma desordem social poderia causar.

Nesse cenário de incertezas e apreensões, recebi dezenas de pedidos de entrevistas, *lives* e consultas on-line. Eu também me sentia atordoado, preocupado, angustiado. Como eu poderia ajudar se também estava envolvido na mesma situação? Felizmente me lembrei daquilo que Frankl falara em diversos de seus livros que li e reli tantas vezes ao longo da minha carreira. Aprendi com ele que, entre o estímulo que recebemos e a resposta que emitimos, há sempre um espaço, por menor que seja, de escolha!

Como percebi que estaríamos todos no mesmo barco diante de mares agitados, decidi pegar o leme da minha vida nas mãos, recalcular a rota, abrir as velas em direção ao melhor de mim e fortalecer minhas energias. Ao ver que o mar à frente estaria turbulento, procurei restabelecer meu eixo, meu equilíbrio emocional. Logo entendi que precisaria conquistar a superação, e não havia plano B. O que você vai ler neste livro é o resumo de várias dicas, propostas, caminhos, estratégias e técnicas que me foram valiosas e me permitiram ajudar muitas pessoas. Uma das coisas que mais me ajudou foi o fato de decidir que este momento não era uma condenação, e sim uma condição. Recusei-me a condenar meus sonhos, minhas esperanças, minha saúde e minha paz.

O que me ajudou muito foi mergulhar a fundo nos estudos da Filosofia, da Psicologia Cognitiva e em especial da Logoterapia, uma ciência que estuda o "sentido da vida". Compartilharei, aqui e ali, um pouco da minha experiência, convidarei você a algumas paradas para reflexão, e iremos juntos repensar sua vida, suas relações e sua forma de perceber os fatos, para que você se empodere e dê a esses momentos difíceis o significado que você decidir. Quando buscamos soluções em vez de nos entregarmos aos problemas, nos munimos de serenidade e procuramos a sabedoria necessária para lidar com as adversidades.

A Logoterapia nos ensina que, mesmo quando não podemos escolher o que viver, ainda podemos escolher o modo como iremos viver. E eu decidi ser uma boa notícia no dia da minha família, dos meus amigos, dos meus pacientes e de todos aqueles com que falasse. Mesmo diante do medo; aliás, justamente por causa dele, escolhi buscar mais conhecimentos que pudessem me fazer bem, ceder lugar a ocupações criativas e não abraçar as preocupações. Escolhi a vida em vez do medo.

Escrevo este livro também porque de dor eu entendo. Desde criança, carrego dentro de mim um sentimento que de tempos em tempos me visita: o de não me encaixar, de me sentir diferente. Na adolescência, além das conhecidas inseguranças naturais da idade, vivi situações de *bullying* e passei por muita indecisão profissional, o que na época me gerou um grande receio de que meu futuro seria um desastre. Na vida adulta, passei por um divórcio, perdi amigos queridos em acidentes e mortes repentinas, tive um ligamento rompido no joelho, enfrentei um tumor no pescoço e vivi tantas outras situações dolorosas que não me faltaram oportunidades para sentir que a vida já não valia mais a pena. Felizmente, em todos os momentos desafiadores que vivi, o que fiz foi estudar. Estudar sobre mim, a vida, a mente e a nossa capacidade de superação. Cada vez que caí, me levantei mais forte e melhor. Por meio do estudo, eu encontrava sempre caminhos novos.

Nossa mente funciona a partir das imagens que criamos dentro de nós e depois colocamos em prática. O tempo todo ela prevê, por meio de ideias ou imagens, o que pode acontecer se formos por este ou aquele caminho. Atendendo ao que a mente solicita, o cérebro decodifica essas ideias ou imagens em pequenos projetos de vida. Comer um pão no café da manhã pode parecer algo simples, mas, na verdade, decorre de muitas pequenas decisões: levantar da cama (agora ou depois), pegar o pão com a mão direita (ou com a esquerda), colocá-lo no prato (ou em cima da mesa), passar manteiga (ou outra coisa), dar mordidas grandes (ou pequenas), mastigar muito (ou pouco), beber algo enquanto comemos (ou não). Percebe? Ações simples demandam muitas pequenas decisões. Charles Duhigg, premiado jornalista estadunidense, nos ensina em sua obra *O poder do hábito* (2012) que cerca de 45 por cento do que fazemos são hábitos. É por isso que, quando sofremos, para além da dor, sentimos um cansaço na alma: a energia que o cérebro gasta quando não vê perspectiva, quando não consegue prever o futuro com segurança, é avassaladora. Não é à toa que algumas pessoas chegam a emagrecer e se desvitalizar nesses momentos de vulnerabilidade. Sofrer cansa.

Porém, na vida, tudo que é difícil de ser feito se torna ainda mais difícil se não for realizado. A dor que sentimos ao desistir, o sofrimento que nos acomete ao abandonar nossos sonhos, a tristeza que nos invade quando baixamos a cabeça são, certamente, maiores do que a energia investida na busca pela superação. Pode acreditar: há caminhos, sim, no plural. E com "S" maiúsculo no final. Quando a vida nos de-forma, podemos sempre nos re-formar, e o primeiro passo para isso é nos in-formarmos: quem so-mos? Como nos sentimos? O que queremos e do que precisamos? Como conquistar o que nos falta? Trans-formar nossa dor em um novo projeto de vida, com vida e para a vida é a saída.

É você mesmo que encontrará seu caminho e fará suas escolhas. Serei, no entanto, uma testemunha leal do seu processo. O primeiro passo é entender que, se a dor é sua, as soluções também virão de você. Toda a tristeza pela qual você passou ou está passando, seja pela perda de algo ou alguém, por uma questão de saúde pessoal ou do outro, seja por um plano ou uma oportunidade que não deu certo, tudo isso faz parte da sua vida. Faz parte de você. E é justamente por isso que ninguém pode lhe dar uma fórmula pronta para superar essa situação.

O que podemos – e iremos – fazer juntos, se você assim permitir, é encontrar refúgios, possibilidades e caminhos para que a sua alma decida o que fazer com o que está sentindo agora. Então, com serenidade e sabedoria, você será capaz de reencontrar a vontade de viver. Este livro é um tributo à vida e tem a missão de relembrar, das mais variadas for-mas, que, se há sentido na alegria, há também na dor. Sim, há sentido no que conquistamos e no que perdemos, e o significado que as coisas têm é sempre dado por nós. O sentido não está posto, não existe in-dependentemente de nós. Pelo contrário; somos nós que o definimos.

O sentido da vida é criado por nós. Para mim, o que mais me motiva é ajudar as pessoas a encontrar o sentido das próprias vidas. Qual o sentido da sua? Qual o seu projeto de vida? Quais os novos hábitos que você deseja criar e preservar para viver melhor? Que atitudes e formas de se relacionar já não lhe servem mais e o que fazer para mudá-las? Vamos falar sobre isso!

Veja como a mente é interessante. Pesquisas apontam que, passados alguns meses de acontecimentos aparentemente maravilhosos – como ganhar na loteria –, assim como de situações desafiadoras – como perder um membro do corpo –, nossa sensação geral de felicidade volta a níveis relativamente semelhantes aos de antes. Isso mostra que não são os acontecimentos que nos definem, e sim o que fazemos em relação a eles. Jean-Paul Sartre, importante filósofo existencialista francês, dizia que "o importante não é aquilo que fazem de nós, mas o que nós mesmos fazemos do que os outros fizeram de nós".

Há momentos em que simplesmente nos sentimos sem rumo, sem esperança, sem saídas. Mas a verdade é que sempre há um caminho. Ou mais de um, como já dissemos. E você sabe, por isso comprou este livro. Algo dentro de você ainda acredita no futuro e não quer deixar a peteca cair nem abandonar tudo. Você não quer desistir.

Uma caneta jamais será uma bola ou uma pipa, da mesma forma que um sapato jamais será um lençol. Os objetos não se recriam, não tomam decisões e não sentem angústia. Nosso destino, por outro lado, é diferente. Como seres humanos, nosso futuro jamais poderá ser definido pelas circunstâncias, pelos outros, pelo ambiente externo, pelo que passamos. Aliás, é isso que nos faz humanos: a capacidade de definirmos, de dentro para fora, o nosso destino.

Este é um daqueles momentos em que estamos todos, ainda que de formas distintas, diante de um dos maiores desafios de nossas vidas. Já ouviu aquele ditado que diz "É diante do fogo que se revela o ouro"? Pois bem: se você sente que a sua vida está em chamas, que está ardendo de raiva, de frustração, ou que está com o coração destruído, cansado ou até se sentindo devastado por um desânimo enorme, este livro poderá ajudá-lo não só a reencontrar a esperança, mas também a se responsabilizar pelo que vem pela frente. Afinal, o destino não é algo que está ali parado, esperando por nós. Ele é uma construção diária, esculpido a partir de cada pequena decisão, por mais simples que ela possa parecer. A partir dessa leitura, espero que você não tema o futuro. Meu convite é para que se inspire, se encoraje e, quem sabe, permita que eu o acompanhe ao longo desse processo de superar o medo do futuro para tomá-lo nas mãos. Lembre-se: é nas situações mais desafiadoras que o que há de mais humano em nós se revela.

Vamos relembrar alguns fatos da história da humanidade. Durante a Segunda Guerra Mundial, nos campos de concentração nazistas, havia os que se preocupavam apenas em sobreviver e os que dividiam o pouco pão que tinham com seus semelhantes. Da mesma forma, quando acontece um terremoto ou um tsunami, há os que tiram proveito dos sobreviventes e os que levam água para as crianças resgatadas. Mesmo nos sistemas prisionais, há os que maltratam, ofendem e agridem, mas também há os que estudam, se exercitam, rezam e mantêm acesa dentro de si uma chama de esperança e dignidade. Ninguém, nem nada, pode nos tirar a esperança sem nossa permissão. Podem nos tirar dinheiro, liberdade e bens, mas o que sentimos, o que se passa dentro de nossos corações, é algo que pertence somente a nós mesmos e a mais ninguém. Ser humano é poder usar nossa liberdade primeira e última a nosso favor. Primeira porque é ela que nos faz humanos: cada um é livre para construir o sentido que a sua vida, as pessoas próximas e os acontecimentos externos representam. Última porque, na prática, a última palavra sobre o sentido que você dá a si mesmo, aos outros e ao que está acontecendo em sua vida, é obra sua.

Em hospitais ao redor do mundo todo, nos momentos terminais, quando não há mais recursos e os pacientes sabem que irão morrer, há os que amaldiçoam seus últimos dias e os que agradecem a ajuda que tiveram, que reconhecem a luta dos médicos e da equipe de saúde, que mostram gratidão pelo carinho e pelos cuidados recebidos de familiares e amigos. Essas são escolhas que todos nós somos capazes de fazer. E mesmo quando o horizonte parece aprisionador, mesmo quando estamos cegos de dor e tristeza, ainda há a chance de nos conectarmos com a nossa liberdade interior, de escolhermos como enfrentaremos cada situação. Enquanto tivermos escolhas, estaremos em campo. O jogo só acaba quando nós decidimos. Nas próximas páginas, procurarei ajudar você a encontrar o melhor caminho para o seu futuro. Afinal, ao comprar este livro, você tomou a decisão de viver, de seguir em frente, de juntar os cacos dentro de si e se dar mais uma chance. Porque você quer isso, e sabe de uma coisa? Você merece isso.

Hoje, quando sinto dor, tristeza ou solidão, já não me desespero mais. Aprendi a esperar, a dar tempo ao tempo, a conversar com minhas dores e fornecer a elas o devido cuidado. Respeito meu sofrimento, encaro-o de frente, escuto o que ele tem a me dizer e levo comigo somente as lições que ele me traz. Já não carrego bagagens de arrependimentos desnecessários, culpas indevidas e acusações desesperadas. Decidi me responsabilizar pelo que vivo, pelo que faço, pelas minhas escolhas. Quando parei de me obrigar a acertar sempre e aceitei que, nos caminhos da vida, encontraria luz e sombra, retas e curvas, pessoas boas e ruins, tudo ficou mais leve. Quando parei de exigir da vida mais do que ela tem para me oferecer, as coisas ficaram mais fáceis.

Aprendi que nem sempre entendemos as reações dos outros, e que está tudo bem ser assim. Porque o outro, em sua humanidade, também tem o direito de fazer suas escolhas. Entendi que nem sempre a vida é compreensível, e é assim mesmo. Nem sempre as coisas saem como o planejado. E, quando nos decepcionamos, é, sim, muito ruim, mas não precisa ser um desastre ou o fim do mundo. Os acontecimentos ganham a proporção que nós damos a eles e são percebidos da forma como nós escolhemos enxergá-los. O mundo, as pessoas e os fatos não giram ao redor do meu umbigo. Como foi libertador chegar a esse pensamento!

Desobrigando a realidade a se ajustar ao meu próprio ego, passei a ver minha vida sob uma nova perspectiva, a partir da qual percebo que eu sou responsável pelas minhas ações, pelas minhas reações e pelas minas escolhas. Somos todos obras de arte em constante formulação; ninguém está garantido nem condenado a nada.

Cada um desses caminhos que compartilharei com você foi um valioso refúgio durante minhas maiores tempestades. Agora, eles também passarão a fazer parte do seu patrimônio existencial. Faça bom uso deles, faça bom uso da sua vida, e lembre-se: um coração partido é um coração que se abriu. Dentro dele, colocamos o que quisermos colocar. Neste momento, o meu está cheio de amor. E o seu? ■

1

Autoconhecimento

Há quem diga que nós, humanos, não chegamos ao mundo com um manual de instruções. Bem, isso é apenas uma meia verdade, já que, na prática, à medida que amadurecemos, podemos desenvolver um dos mais completos guias para a vida: o autoconhecimento.

Em termos gerais, uma pessoa que se conhece bem costuma ter mais qualidade de vida, já que consegue identificar, com mais facilidade, os alimentos que precisa ingerir, a quantidade de água que precisa beber, as horas necessárias para um sono revigorante, o tipo de pessoa com quem convive melhor, as formas de se colocar diante do outro e do mundo, a profissão que a completa, entre outras atitudes e posturas funcionais.

Alcançar o autoconhecimento, então, é um dos nossos maiores desafios. Afinal, uma pessoa que não se conhece está sujeita a uma série de perigos. Ela pode, por exemplo, perder a paciência com o outro quando, na verdade, suas questões são consigo mesma. Pode escolher uma profissão com a qual não se identifica, ter uma atitude desempoderada em uma reuniao profissional, se invisibilizar cm uma relação amorosa, se vitimizar diante das adversidades, etc. Muitas vezes, uma pessoa que não se conhece constrói hábitos nocivos porque não reflete sobre como aquela forma de viver, conviver, se alimentar e se colocar, está ou não contribuindo para a sua felicidade.

Esse estado de plenitude e satisfação só é alcançado quando conseguimos respeitar a nossa natureza. Acontece que, apesar de sermos indivíduos únicos, com características particulares, também somos plurais e nos identificamos uns com os outros em vários aspectos. Então, por que alcançar o autoconhecimento é tão difícil?

A resposta já está dada: porque temos a forte tendência de nos identificarmos com o outro, muitas vezes, negligenciando nossos próprios desejos e sonhos. Durante milênios, sobrevivemos graças ao gregarismo, à sociabilidade. Pense comigo: nós, seres humanos, não temos garras afiadas, dentes fortes como os de um leão, capacidade de voar, de enxergar no escuro, de nadar nas profundezas dos mares e rios. Do ponto de vista da natureza, somos uma espécie frágil.

Agora, você deve estar se perguntando como chegamos até aqui, certo? Pois foi graças à capacidade de construirmos juntos. Das ferramentas pré-históricas à tecnologia moderna, dos desenhos nas cavernas aos e-books, tudo o que construímos vem de uma produção coletiva. Dessa forma, o cérebro humano foi se moldando, abrindo-se e ajustando-se ao outro. Com o surgimento dos aprendizados sociais, então, nos tornamos instintivamente mais afeitos uns aos outros. Estudos comportamentais revelam, por exemplo, que, quando pensamos em nós mesmos com carinho, ativamos as mesmas áreas do cérebro de quando pensamos nas pessoas que nos são importantes. Do ponto de vista do cérebro, então, pensar em alguém que amamos ou pensar em nós mesmos é a mesma coisa.

Isso explica por que o valor que damos à opinião dos outros é tão poderoso – ou até maior – do que o que damos a nós mesmos. Por isso é tão comum que as pessoas sigam umas às outras, que se baseiem na moda e no que todo mundo faz. La Boétie, humanista e filósofo francês, nos alerta para o perigo da chamada "servidão voluntária": quando alguém deixa de usar seu autoconhecimento, deixa de viver em primeira pessoa e abre mão do "eu sou, eu quero, eu posso", para viver de acordo com o que o mundo espera dele. É bem verdade que ninguém faz só o que quer, do jeito que quer e na hora que quer, mas também é verdade que uma pessoa que não se respeita, não se escuta e não segue sua essência dificilmente alcança o sucesso, muito menos a felicidade.

Desenvolver o autoconhecimento não significa nos alienar ou tratar o próximo com indiferença. Significa, na verdade, nunca nos esquecer de onde viemos, da nossa cultura, da nossa comunidade, dos nossos valores, de quem somos. Trata-se de perceber as marcas, as mesclas e as influências externas que recebemos da nossa família, a partir das nossas relações e influências. Agora, o que escolhemos fazer com tudo isso é a grande questão do autoconhecimento, a grande decisão a ser tomada pelo indivíduo em prol da sua individualidade. Porque não somos governados pelo passado; ele nos influencia, é claro, mas nunca nos determina. O que escolho fazer com aquilo que experienciei é responsabilidade minha. Cabe a mim, e apenas a mim, concordar ou não com a opinião externa sobre a forma como escolhi viver minha vida, sobre a forma como devo me ajustar à sociedade e equilibrar o meu desejo com a vontade do outro. As respostas para todas essas questões passam pelo autoconhecimento.

Uma ótima forma de começarmos a nos conhecer melhor é escrevendo um diário. A prática da escrita, seja à mão ou digitalmente, pode facilitar e enriquecer o contato com as nossas emoções e os nossos pensamentos. Conversar com outras pessoas, seja um psicólogo, um filósofo, um líder espiritual, seja um bom amigo, também faz parte da trajetória de autoconhecimento.

A música, a literatura e o cinema também nos ajudam a desvendar nossos mistérios pessoais. Ao entrar em contato com diferentes histórias e pontos de vista, não só nos abrimos para o novo, como também desenvolvemos nosso senso crítico, nos tornando capazes de escolher o que queremos ou não levar conosco. Outra forma de alcançar o autoconhecimento é por meio do silêncio. Em um mundo onde as pessoas estão o tempo todo conectadas, permitir-se um momento de *detox* aqui e ali, seja para dar uma caminhada no parque, seja para ficar um tempo sozinho, é importante para escutar seus pensamentos e conversar consigo mesmo.

É preciso ter em mente que, muitas vezes, ainda que inconscientemente, carregamos resíduos de ideias que não nos representam mais. Ainda que a forma como pensávamos no passado não seja de todo obsoleta, é preciso se revisitar e se questionar constantemente. Nesses exercícios, procure se perguntar:

"Por que escolhi agir assim anteriormente?";

"De onde vêm essas crenças?";

"As escolhas que fiz no passado ainda fazem sentido para quem sou hoje?";

"O que aprendi com isso?";

"O que é importante para mim atualmente?";

"O que já não importa mais na minha vida?";

"O que espero do futuro?";

"O que ainda desejo viver?";

"Quem eu realmente quero ser daqui em diante?";

"O que eu não tenho me permitido falar ou fazer?".

Essas perguntas não são fáceis de responder, mas se você buscar respondê-las de vez em quando, se procurar ajustar seus pensamentos, sentimentos e comportamentos para que andem sempre juntos, você terá uma grande chance de se fazer feliz, de se respeitar, de ser alguém completo e íntegro consigo mesmo, que não se dissipa nem se perde nas marés da vida. Afinal, se conhecer é o primeiro passo para se tornar o piloto da sua vivência. ∎

HISTÓRIA PARA INSPIRAR

Camila: Acredito, logo, não desisto

Camila era uma garota muito estudiosa. Durante toda a sua vida escolar, era dedicada e sempre procurou ter notas boas. Era também jogadora de vôlei, medalhista. Ao longo de toda sua carreira estudantil, sempre teve o vôlei como parte dos seus *hobbies*. Mas, no último ano do ensino médio, teve que dar um tempo nos esportes para conseguir mergulhar mais a fundo na preparação para o vestibular de Medicina. Deu tudo de si, ia muito bem nos simulados e era sempre elogiada pelos professores e pelo diretor da escola.

Mas, no final do ano, praticamente todos os seus colegas tinham passado no vestibular e logo se matriculariam em uma faculdade, menos ela. A dor foi pesada, o choque foi grande. Quanta decepção! Justo ela, que era boa amiga, boa aluna, boa filha, boa jogadora, não tinha obtido êxito. E agora? Engolindo o choro e secando as lágrimas, inscreveu-se em um renomado cursinho pré-vestibular da cidade, baixou a cabeça e passou a investir naquilo que fazia com muita tranquilidade: estudar. Como no ano anterior, Camila se dedicava, deixava as outras atividades de lado, nem olhava para os garotos, ia muito raramente a festas. Se debruçou nos livros, certa de que dessa vez iria dar certo.

No final do ano, quando chegaram os vestibulares, de novo a frustração. E essa situação se repetiu por quatro anos. Era duro ver seus amigos, e até seus familiares, dizendo que a Medicina talvez não fosse para ela, que ela deveria deixar para lá, que talvez ela tivesse sendo muito ambiciosa e que, talvez, Deus tivesse outros planos para ela. Mas algo dentro dela não a deixava desistir.

Quando começaram as festas em comemoração à formatura de seus colegas, era muito difícil para ela, para não dizer humilhante, muitas vezes ouvir dos pais de amigos:

– Nossa, você ainda está prestando vestibular? Mas não se preocupe, ainda está nova, uma hora você chega lá.

Falas de ironia, de desdém e de descaso. Mas ela não se deixava esmorecer. Seu pai, que não queria mais ver a filha sofrendo, chegou até a dizer para ela prestar vestibular em uma universidade particular. Só que, de alguma maneira, ela sabia que ia ter o seu momento, que ela ia chegar lá.

Foi então que, no quinto ano, quando a maioria dos seus colegas já estava formada, ela fez novamente as provas do vestibular e, finalmente, passou para Medicina. Uma alegria sem fim! Camila entrou em uma universidade pública e seguiu o curso com tenacidade, humildade e muita gratidão.

Ironicamente, por estar mais velha, mais madura e mais determinada, acabou se formando como uma das primeiras da turma, perto de completar seus 30 anos. Quando contou isso para sua filha, os olhos dela ficaram cheios d'água pela emoção e pelo orgulho que sentiu da mãe.

Então Camila disse:

– Sabe, filha, nós não podemos nos deixar definir pela motivação, pelas palavras positivas ou negativas, pelo incentivo ou pelo desânimo dos outros. Quando nosso coração diz que algo é importante, é ele que deve ser o principal definidor de nossas ações e atitudes diante da vida. Afinal de contas, hoje, não faz a menor diferença se eu me formei com 24 ou 29 anos, mas faz toda a diferença se eu acordo feliz para salvar vidas no hospital ou se estivesse em outro lugar, deslocada de mim mesma, alheia à pessoa que sou.

A filha olhou para ela e respondeu apenas:

– Eu entendo, mamãe, obrigada. Agora eu vou lá pra aula de vôlei.

2

Lições da pandemia

Quando o surto de COVID-19 começou a se espalhar pelo mundo, comecei a ficar, como todo cidadão, bastante preocupado. Diante de um aumento considerável da procura por atendimento clínico a distância, somado aos inúmeros convites para *lives*, fui em busca de uma ótica muito singular a respeito da vida humana. Considerando o fato de atender pessoas de diversas idades e condições sociais, então, tomei uma decisão. Essa decisão partiu de uma pergunta simples: que lugar eu gostaria de ocupar em um momento como esse?

Lembro-me que, em uma das primeiras *lives* que fiz sobre esse assunto, trouxe à tona a ideia de que estamos praticamente todos no mesmo barco. No entanto, enquanto alguns viajavam sentados, apenas esperando chegar ao ponto onde iríamos atracar, outros iam no convés, tomando sol e tocando a vida tranquilos, imaginando se tratar apenas de mais uma gripe, com a certeza de que não seriam afetados. Outros, ainda, isolavam-se na casa das máquinas para fortalecer sua capacidade de enfrentamento. Muitos costuravam as velas para não se perder na tempestade, enquanto outros assumiam o leme para refazer a rota e repensar seus caminhos e estratégias.

Ao propor essa comparação, fiz um convite para lembrarmos que uma das características humanas mais importantes é o fato de sermos incondicionáveis. Aprendi esse conceito quando estava no terceiro ano da faculdade de psicologia, lendo o livro de Viktor E. Frankl, *Em busca de sentido*.

SUPERAÇÃO E EQUILÍBRIO EMOCIONAL **21**

Nessa obra, Frankl relata sua experiência em Auschwitz, o quarto campo de concentração nazista por onde passou. Ele percebeu que ali, em meio às situações mais adversas, dolorosas e desumanas, em meio a sofrimentos inimagináveis, quase indescritíveis, havia aqueles que dividiam o pouco que tinham e os que tratavam aos outros com indiferença.

bit.ly/
3dlnhR6

Frankl pôde observar que, diante de tanta dor, havia aqueles que esmoreciam e chegavam a desistir de viver. Em poucos dias, de fato, muitos prisioneiros pereciam, mas ele se deu conta de que, surpreendentemente, também havia aqueles que mantinham a esperança, que conservavam o brilho nos olhos. Intrigado, **Frankl** decidiu entrevistar os resilientes para entender o que eles tinham de diferente dos desistentes.

O neuropsiquiatra notou, então, que a presença de algo maior do que aquele momento, como a esperança de um reencontro com a família, o retorno ao lar, o amor a Deus – ou, no caso do próprio Viktor, o sonho de um dia escrever sobre os horrores da guerra e a capacidade do ser humano de superar as adversidades –, fazia parte do projeto de vida daquelas pessoas. Em seu livro, Frankl diz que "Aquele que tem um 'porquê' enfrenta qualquer 'como'". De fato, quando temos um projeto maior do que nós mesmos, algo ao qual podemos nos agarrar, um legado a deixar, uma história para contar, um amor a viver, enfrentamos qualquer situação.

Essa força maior, por assim dizer, libera em nós uma energia extra conhecida como "energia da alma". A palavra "alma" vem do latim *anima*, o que explica o fato de que pessoas capazes de acessar a própria alma com mais facilidade são mais animadas e mais capazes de enfrentar as vicissitudes que encontram pelo caminho. Elas entendem que a vida é valiosa e que é importante dar-lhe um sentido, seja nos momentos de dor, seja nos de alegria. E o melhor: o sentido das coisas não está literalmente nelas. Somos nós que as significamos, de um jeito ou de outro, a partir da lente com que percebemos a realidade.

Podemos tirar algumas lições disso tudo. Eu procurei trazer esse aprendizado para minhas consultas on-line, para meus familiares e amigos. Ao longo do período da pandemia, procurei pensar em formas de atravessar a situação com serenidade, sem me afundar em angústias. Minha primeira atitude, então, foi aumentar a frequência das minhas meditações.

Gosto de praticar a meditação transcendental: ela me ajuda a aquietar a alma, a silenciar a mente, a diminuir a ansiedade, a encontrar serenidade, a livrar o cérebro de distrações e a me conectar com minha paz interior. Sempre penso melhor depois de meditar, e se esse já era um hábito presente em minha vida, a meditação diária, feita de manhã e ao final da tarde, preparava ainda melhor a minha mente para enfrentar a rotina complexa e desafiadora dos dias de isolamento.

Resolvi, também, aumentar a frequência das minhas orações. Não levantava da cama e não dormia antes de pedir a Deus que me desse forças para viver mais um dia, que me trouxesse paz para aceitar as dificuldades e sabedoria não só para encontrar caminhos, palavras e ações que pudessem fazer bem para os outros, mas também a serenidade necessária para quando eu me sentisse ansioso, angustiado, perdido ou irritado. Percebi que, além de rezar, podia agradecer: por ter pacientes em atendimento, por poder dar entrevistas, por ter alguém para me escutar, por ter comida na geladeira, por ter uma cama quente para dormir, por ter minha casa e meus bichos de estimação. Tudo isso me trazia calma em meio ao turbilhão de dúvidas e angústias que eu e toda a humanidade estávamos vivendo.

Em relação à saúde, notei que, se comesse mais vezes ao dia, em porções menores e alimentos mais saudáveis, eu ganhava mais energia, pois não desgastava tanto o meu corpo. Comecei a pesquisar, então, ainda mais sobre alimentação, hidratação e cuidados com o corpo, praticando ao máximo a ideia de que um corpo são resulta em uma mente sã. Com meu organismo limpo, forte e saudável, passei a gastar menos energia para mantê-lo ativo, usando a disposição extra para imaginar, criar e encontrar não apenas caminhos individuais, mas diferentes possibilidades para todos aqueles que precisavam de mim naquele momento.

Paralelamente, também reforcei a prática esportiva. Mesmo nos dias em que não sentia vontade de me exercitar, usei da disciplina, o que foi libertador. Cada vez que eu me dedicava a alguma atividade, fazia aquilo por mim, pelos meus familiares, pelos meus pacientes e por Deus, que contava comigo como seu aliado. Sempre gostei de pensar que Ele pode me usar para trazer algo de bom aos meus semelhantes.

Assim, organizando minha rotina diária, sem gastar energia em planos de longo prazo, sem cair nas armadilhas dos guardiões do apocalipse, que prometiam um amanhã terrível e uma pós-crise ainda mais dolorosa, resguardei-me na certeza de que estava vivo e de que tinha algo a contribuir.

Afastei-me da histeria de fim do mundo e da crença superficial de que a COVID-19 era apenas uma gripe sem importância. Ao assumir a posição de piloto da minha própria vida, ao liderar a mim mesmo, percebi ser capaz de superar as tempestades com mais humanidade. Afinal, mais importante do que estar vivo é escolher como se quer viver. Eu escolhi viver para servir, e, assim, também consegui cuidar de mim mesmo. Percebi, mais uma vez, que quanto mais distribuímos amor e felicidade, mais recebemos em troca.

Uma das coisas que mais me fortaleceu nesse período foram os filmes, as séries, os vídeos do YouTube e as palestras do TED Talk que falavam sobre resiliência e superação. Entre as séries, duas me chamaram a atenção logo nas primeiras semanas: *A vida e a história de Madam C.J. Walker* (2020), que conta a trajetória da primeira mulher negra a se tornar milionária nos Estados Unidos, e *Mr. Selfridge* (2013), que narra a história de um dos grandes empreendedores do começo do século passado, um homem à frente do seu tempo que buscava, incansavelmente, melhorar seus produtos, sua marca e a experiência dos seus clientes.

O filme *Joy: o nome do sucesso* (2016) também me marcou muito. A personagem principal, uma jovem norte-americana brilhante, mas de vida nada fácil, foi responsável por criar uma linha de esfregões de limpeza que conquistou o país. Nessa história, aprendi que devemos nos ouvir mais e nos conectar com nossos verdadeiros desejos, entendendo quando é preciso abrir mão da opinião dos outros.

Ler, estudar, assistir, ouvir *podcasts*, buscar bons estímulos, tudo isso pode ajudar a nos manter nos eixos. Mesmo nas horas em que nos sentimos perdidos, o exercício de nos recolhermos, de voltar nosso olhar para dentro, é capaz de nos devolver o desejo de viver e de seguir com nosso compromisso, contribuindo, da melhor forma possível, para uma vida mais leve e proveitosa. Eu escolhi viver, e viver bem. E você? ■

A vida é **maravilhosa**
se não se tem medo dela.

CHARLES CHAPLIN

3

Como você quer se lembrar deste momento daqui a cinco anos?

António Damásio, importante neurocientista português e uma das maiores autoridades sobre os estudos da mente na atualidade, nos ensina, em *E o cérebro criou o homem* (2011), que a mente humana funciona a partir de imagens.

Quando começamos o dia, decisões simples como comer um pão com manteiga ou uma torrada no café da manhã, tomar um banho quente ou frio, colocar essa ou aquela roupa, seguir por este ou aquele caminho, ouvir música ou fazer o trajeto em silêncio, tudo isso começa a partir de imagens que criamos em nosso cérebro.

bit.ly/2YzVkq4

Isso explica por que, quando estamos tristes, parecemos não enxergar saídas para os nossos problemas. O que acontece é que as imagens que pintamos de nós no futuro se baseiam em nossa visão do hoje, na forma como sentimos o agora. Quando estamos "de mal" com a vida, então, o cérebro entende que esse estado irá durar para sempre – o que não acontece.

Se você está pensando que essa é mais uma das famosas ilusões da mente, acertou. Para comprovar, basta se lembrar de quem você era há cinco anos – onde morava, como se vestia, com quem convivia, quais músicas ouvia. Você continua a mesma pessoa? Provavelmente muita coisa mudou, não é?

Pois acredite: essas "trapaças" nada mais são do que um mecanismo de defesa do cérebro. Para nos mantermos firmes diante de um mundo em constante mudança, tendemos a nos projetar em um lugar de segurança e estabilidade, e fazemos isso usando o aqui e o agora.

Como o cérebro humano funciona por meio de imagens, é muito importante visualizar a si mesmo tendo um dia bom, enfrentando as situações com paciência, flexibilidade e leveza. Tendemos a formar imagens negativas sem perceber e, assim, facilmente criamos profecias autorrealizadas. Para sair desse padrão, procure guiar sua consciência logo ao acordar, formando imagens, cenas e projetos positivos, trazendo para si a responsabilidade de tomar atitudes adequadas para a sua vida. Não torça pelo mal dos outros, esforce-se para dar o seu melhor. É isso que funciona.

Planejar o futuro nada mais é do que organizar o cérebro para executar, hoje, o que queremos que aconteça amanhã. Essa é a diferença entre temer o futuro e tomá-lo nas mãos.

Vamos a um exercício prático? Em uma folha, ou no celular, escreva como você espera que a sua vida esteja daqui um, dois ou cinco anos. Seja generoso: descreva como gostaria que fosse o seu dia a dia, seu trabalho, seus relacionamentos familiares, sua vida amorosa, suas amizades. Conte, também, quais objetivos terá alcançado e quais serão suas satisfações, do que você quer se orgulhar daqui a algum tempo. Se quiser dar um passo além, faça uma lista de tudo o que realizará se alcançar seus objetivos. Tome nota, também, de tudo o que poderá enfrentar de negativo se não honrar seu compromisso consigo. Pense sobre o impacto que poderá ter sobre sua família e as pessoas que ama, buscando a melhor versão de si mesmo.

A importância desse exercício está em trazer para o presente uma visão de nós mesmos no futuro que se baseia em ações no aqui e no agora. Isso nos ajuda a tornar nossos objetivos palpáveis, permitindo que nos preparemos, desde já, para seguir os caminhos que nos levarão a eles. Essa esperança que depositamos no futuro, aliás, é o que nos dá forças para perseguir nossos sonhos, pois percebemos que eles não começam lá na frente: eles já começaram aqui, agora.

Se você for realmente carinhoso consigo mesmo, vai perceber que sonhar é um direito seu. Afinal, o que passou, passou, mas cabe a você decidir o que virá. Ao organizar seu cérebro, você está dizendo para a sua alma que deseja mais, que merece mais e que está indo em busca disso.

Então, sonhe sempre, e sonhe grande. Mas lembre-se de que, ainda melhor do que sonhar, é realizar. ■

É tristeza ou depressão?

Você alguma vez já se fez essa pergunta? Pois relaxe: confundir esses dois estados da alma é totalmente natural, já que eles compartilham diversas semelhanças. Na prática, porém, trata-se de coisas bem diferentes.

Para começar a entendê-los, devemos lembrar que a tristeza faz parte da vida. Podemos nos entristecer com coisas simples: quando alguém se atrasa, quando o prato que cozinhamos não sai como o esperado, quando nos esquecemos de dar parabéns a um amigo – ou quando não nos dão os parabéns – ou mesmo quando um projeto para o qual nos dedicamos é rejeitado. Sentir tristeza é normal e faz parte da vida de todos. Mas, em geral, a tristeza tem um motivo específico, passando em poucas horas ou dias.

A depressão, por outro lado, pode se originar de duas fontes básicas. Na depressão endógena, relacionada às mudanças químicas que ocorrem no interior do cérebro, uma pessoa vivencia um estado de abatimento geral, ainda que tudo em sua vida esteja dentro da "normalidade". O quadro pode ser causado por falta de vitaminas, pela ausência prolongada de exposição solar, por mudanças hormonais e até por tratamentos químicos, entre outros fatores.

Já na depressão exógena, o quadro é desencadeado por um fator externo, que pode estar relacionado, por exemplo, a mudanças bruscas e desfavoráveis – como divórcio, isolamento, perda de renda, problemas de relacionamento, falência, luto – ou por uma carga de estresse contínua que acaba por gerar uma sobrecarga constante. Também podemos entrar em depressão devido à frustração de não alcançar algo para o qual nos dedicamos muito intensamente, como um campeonato esportivo ou um concurso.

A depressão, ao contrário da tristeza, traz a sensação de permanência. Por se tratar de uma condição clínica, estamos todos sujeitos a ela, independentemente de classe social, saúde ou carreira. Em seu estágio inicial, ela pode ser sentida como um abismo que nos puxa para baixo e do qual é preciso muita força para sair. Muitas vezes, a depressão é tão intensa que a pessoa realmente passa a acreditar que já não vale a pena nem tentar lutar. Este é um dos estágios mais avançados da doença, e, consequentemente, o que requer mais cuidados.

Em resumo, a tristeza é uma dor da alma, enquanto a depressão é uma doença da alma.

Trazendo esses conceitos para a nossa realidade, cada dia mais competitiva, complexa, desafiadora, dinâmica e exigente, passou a ser cada vez mais comum vermos pessoas em depressão. A cultura em que estamos inseridos, nossos relacionamentos – sejam amorosos, familiares ou com colegas de profissão –, as condições do nosso trabalho – o ambiente profissional, a remuneração e o estilo de liderança ao qual estamos expostos – podem ser grandes gatilhos da doença.

Uma pessoa deprimida, além da culpa que já sente por seu estado emocional e psicológico, ainda enfrenta muitos julgamentos de quem associa esse quadro a uma fraqueza, uma falha pessoal. Para piorar, muitas pessoas com depressão aparentam ser apenas irritadas, com o "pavio curto", o que ocorre devido à redução dos neurotransmissores serotonina, dopamina e noradrenalina, que promovem a sensação de satisfação e bem-estar.

O contexto da pandemia, por sua vez, contribui para o aumento da nossa sensibilidade. A alta carga de estresse e o medo contínuo da contaminação, somados às instabilidades geopolíticas, à exposição intensa nas redes sociais, à redução dos vínculos familiares e sociais e à falta de segurança em diversos níveis de nossas vidas, dão origem a um caldeirão bastante poderoso no que diz respeito ao desencadeamento de estados de depressão. Uma depressão que dói. Que fere a alma. Que pode matar. Precisamos nos lembrar, então, de que as coisas nem sempre são o que parecem ser.

É por todos esses motivos que a depressão merece ser olhada, respeitada e bem cuidada. Afinal, quando uma pessoa torce o joelho, ninguém diz a ela "Isso é coisa da sua perna", certo? Com a depressão, no entanto, ainda que com a melhor das intenções, muitas vezes caímos na bobagem de dizer "Deixa pra lá", "Isso é coisa da sua cabeça", "Sua vida é ótima, pare de se queixar". O que esquecemos de considerar é que tais afirmações apenas aumentam a dor de uma pessoa deprimida, que além de se achar incapaz de sair daquela situação sozinha, se sente uma tola por não conseguir escutar nossos conselhos como encorajamento, e sim como um ataque pessoal, o que só aumenta a sensação de solidão.

O melhor que podemos fazer por uma pessoa deprimida, então, é acolhê-la, ao mesmo tempo em que insistimos, com delicadeza de um lado e firmeza do outro, para que procure ajuda. Se ela resistir, marque você mesmo uma consulta ou se ofereça para acompanhá-la ao psicólogo. O importante é jamais desistir de quem você ama, nem de si mesmo.

Lembre-se que muitos dos pensamentos que envolvem ideias como "Não vai dar certo", "Já tentei de tudo" ou "Semana que vem eu resolvo" são apenas a doença falando. Sim, a depressão tem a capacidade de tirar uma parte da nossa sanidade, levando-nos a acreditar em ideias de desistência, de incapacidade, de adiamento. E se sentimos que não temos valor, que somos um peso para os outros, por que procurar ajuda? Uma palavra-chave dessa doença, aliás, é justamente esta: peso. Acordar, trabalhar, comer regularmente, se exercitar, se abrir, tudo pesa quando estamos deprimidos. Mas essa é a dor falando. Não aceite as ideias dela. Em vez disso, lute por si e por quem você ama.

Embora muitos casos de depressão sejam tratados por meio de medicamentos, vale lembrar que tratamentos embasados na psicoterapia comportamental e cognitiva revelaram-se eficientes em diversos pacientes. Mudanças positivas de rotina, como a incorporação de atividades físicas, meditação, aprimoramentos na alimentação, massagens, prática de atividades de lazer, de recreação e a retomada de contato social, também contribuem para a reversão do quadro depressivo.

Cada caso é um caso, e todos merecem receber ajuda. Depressão não é frescura, não é fraqueza, não é "mimimi". Trata-se de uma doença séria que merece ser cuidada antes que seja tarde. A hora é agora. ■

HISTÓRIA PARA INSPIRAR

Júlia: Um dia por vez

Quatro e cinquenta da manhã. Faltam apenas dez minutos para que o alarme do rádio-relógio comece a tocar anunciando a chegada de mais uma segunda-feira. Enquanto os minutos finais vão puxando o véu da noite para revelar o dia, eu, já acordada desde as quatro e meia, espero dar a hora em que meus pés precisarão trocar o calor das cobertas pelo frio do chão.

É daqui, do quentinho da cama, que quase todas as manhãs sigo o mesmo ritual. Como uma criança que luta para dominar um cavalo selvagem, tento organizar o turbilhão de pensamentos, memórias e sentimentos que se chocam contra o meu peito. É como se, em todas as madrugadas, eu tivesse que arrumar de novo, dentro de mim, os medos que tinha guardado no dia anterior.

Saber que ele está ali ao meu lado é algo que me dá força para seguir. Devagar, passo minha mão pelo lençol e o sinto ali. Fico pensando no quanto sou agraciada por ter um marido assim. Seu trabalho na polícia militar é, para mim, um sofrimento e, ao mesmo tempo, uma bênção, pois sei que, quando ele sai para trabalhar, estará em algum lugar pronto para ajudar alguém. Porém nunca sei se ele voltará ao fim do dia. Tenho medo. Muito medo. Tento rezar para não sucumbir à dúvida e à preocupação.

Alcanço o calor de suas costas. Enquanto sinto sua respiração, sinto também uma felicidade clandestina tentando ganhar lugar no meu íntimo. Enquanto isso, sigo meu ritual das madrugadas, e é pelo meu peito que passo minha outra mão. Sinto meus ossos. Lentamente passo pelo relevo de um por um. De um lado para o outro. Esse padrão só se modifica quando, através do decote da camisola, sinto as cicatrizes. Minhas cicatrizes. Fico meio sem saber o que fazer nessa hora. A maior luta não é deixar de sofrer, mas sim enxergar naquilo um sentido, uma razão para viver.

Penso nos meninos. Nos dois. Meninos!? Já se tornaram homens-feitos, do tipo que, na hora do beijo de tchau, a barba roça na nossa bochecha. Lembro-me do sorriso deles, quando pequenos, naquela semana da cirurgia. Parece até que, daqui do meu travesseiro amassado, vejo Francisco abrindo a porta, e os meninos correndo e gritando para comemorar a chegada do pai. Fazendo assim, entendo que, em vez de ter no peito apenas cicatrizes de um memorial de dor, eu, na verdade, tenho um memorial de luta e de vitória. A cada novo dia, preciso reinaugurar esse memorial. A questão é que sempre devo escolher qual plaquinha vou colocar. Dor ou vitória?

Esses cinco minutos finais têm gosto de eternidade. Olho o rádio-relógio mais uma vez. Minha mão desliza do meu peito para que, junto com a outra, se transforme num delicado abraço silencioso. E nesse trajeto, até sentir o pijama de Francisco com as duas mãos, sinto o calor das lágrimas que suavemente correm pelo meu rosto sem pedir licença. Quando escolho o memorial da vitória, sinto que o choro vem da gratidão. Agradeço a Deus enquanto me sintonizo com o calor de Francisco. Permito externalizar a força e a coragem que vivem dentro de mim.

Faltando apenas dois minutos para o alarme soar, faço a penúltima parte de meu ritual diário. Em pensamento, me imagino empurrando o cobertor para o lado, me sentando na cama, tocando o chão com meus pés e me lançando para fora do quarto. Calço devagar o chinelinho azul de crochê que ganhei de minha mãe no dia em que me internei no hospital. Como um *flash*, lembro-me de todas as quimioterapias e de todos os rostos de mulheres anônimas que seguiam silenciosas ao meu lado. Cada consulta, cada exame, cada sorriso das crianças, cada abraço de Francisco, me davam força. Mesmo quando já estava sem meus cabelos, antes tão queridos e importantes, tão parte de mim, ele segurava minha mão e me chamava de "gatinha". O abraço dele de farda grossa da PM sempre me apertava o rosto e me fazia sentir que não estava só.

Ainda em pensamento, chego ao banheiro e, diante do espelho, penso em para onde vou olhar primeiro. Meus olhos do presente ou minhas cicatrizes do passado? Olhar para tudo aquilo que tenho e sou ou contemplar a dor daquilo que me mutilou com a marca da falta? Olhar para o que a doença me tirou ou para o que ela revelou em mim?

E é nesse momento que todos os dias escolho me encarar e sorrir. Então consigo abrir os olhos com a força do brilho do sol que venceu a noite e vejo que resta apenas um minuto para o alarme. Assim, antes mesmo que ele toque avisando que chegou a hora de levantar, eu o desligo, me sentindo dona do meu dia. Hoje escolho ser dona do meu dia. Dona da minha vida. Escolho encarar o que tenho pela frente e domar os meus sentimentos. Só por hoje. E assim tenho vivido os últimos anos, um dia por vez. Quando a dor vem, eu a respeito, dou a ela voz e vez. Mas já sei que, assim como ela vem, ela também se vai. E, quando isso acontece, a vida pode voltar ao seu fluxo normal. E eu me sinto inteira no novo.

5
O poder do "ainda"

Ao longo de sua carreira, a psicóloga norte-americana **Carol Dweck** se dedicou a estudar, com especial interesse, práticas pedagógicas que realmente aprimoravam o aprendizado dos estudantes. Certo dia, ela conheceu uma escola que, em vez de aplicar as tradicionais avaliações por meio de notas, atribuía aos alunos apenas o status de "aprovado" ou "não aprovado ainda".

bit.ly/
3do1eyL

A prática intrigou Dweck, pois ela percebeu que, em comparação aos estudantes de instituições tradicionais, os alunos daquela escola se dedicavam a estudar com ainda mais tenacidade, mostrando-se estimulados e esforçados.

Ao se aprofundar no tema, a psicóloga avaliou exames de tomografia magnética, que revelam imagens do cérebro em pleno funcionamento, e chegou a duas conclusões. A primeira é que, quando os alunos encaravam uma tarefa como desafiadora e a abraçavam com entusiasmo, mostrando uma real vontade de aprender, seus cérebros literalmente se "acendiam". Por outro lado, quando julgavam uma tarefa como impossível e não se dedicavam, era como se seus cérebros estivessem "desligados".

Dweck nomeou esse fenômeno de "o poder do ainda". É o que acontece quando pensamos em coisas como "Ainda não sei, mas quero aprender", "Ainda não entendi, mas deve haver uma forma de resolver" ou "Ainda não consegui, mas vou me esforçar até dar certo".

Tais "configurações da mente", ou *mindsets* (em inglês, "mind" significa mente e "set", configuração), seriam a grande força capaz de levar um aluno com baixo desempenho a um novo patamar.

Anos depois, novas pesquisas comprovaram o que Dweck havia percebido na prática: quando criamos obstáculos para desafios que consideramos difíceis demais, quando colocamos impedimentos que julgamos instransponíveis, quando acreditamos que nossas dores ou dificuldades são muito pesadas para carregarmos sozinhos, estamos nos valendo de um *mindset* fixo que nos paralisa, que nos fixa àquele problema.

O que a psicóloga sugere, então, é altamente estimulante. Em primeiro lugar, é preciso saber que há dois modelos mentais: o fixo (no qual as coisas não mudam, importando apenas os resultados, que vão definir os vencedores ou os perdedores) e o de crescimento (no qual uma pessoa pode promover mudanças internas para, a partir de um processo pessoal, transformar sua visão de mundo e se preparar para as adversidades, aproximando-se mais dos resultados desejados).

É importante ressaltar que tais modelos mentais não são definitivos. Nosso cérebro é adaptável, mutável, e pode, sim, ser reprogramado. Já ouviu dizer que "pau que nasce torto nunca se endireita"? Pois essa ideia caiu por terra, assim como a noção de que o ser humano só perderia neurônios com o tempo, diminuindo permanentemente sua capacidade mental.

A maior lição que tiramos desse estudo é que, quando nos abrimos para desafios e mudanças, respeitando nossos limites, deixamos de lado a ideia de que somos um mero produto do meio. "Chega de desperdiçar vidas" é uma das frases de Dweck que mais me marcaram.

Independentemente do que você está passando agora, isso não precisa defini-lo para sempre. Independentemente do que o estiver afligindo, isso vai passar. Mas o modo como você enfrentará essa adversidade, o tempo que levará e as marcas que ficarão em sua vida, tudo depende exclusivamente das suas escolhas.

Se por um lado essa noção nos traz o peso da reponsabilidade, por outro, saber que podemos lapidar nosso cérebro para nos empoderarmos, para nos tornarmos mais capazes de lidar com as curvas da vida, é altamente libertador. Ao praticar "o poder do ainda", você se dá a chance de se perdoar, de se libertar da culpa, que é um dos nossos maiores fardos.

Afinal, se alguém nos abandona, nos sentimos culpados pelo que não fizemos, pelo que não fomos e pelo que não lutamos. Se abandonamos alguém, somos os responsáveis pelo rompimento, pela destruição de uma família, pelos sonhos deixados para trás. Se não obtemos êxito nos negócios, nos culpamos por não termos sido capazes de prosperar. Se alguém nos passa para trás, nos culpamos, também, por não ter previsto a traição.

Vale lembrar que a culpa nada mais é do que um mecanismo de defesa do ego. Ela atua para nos manter presos ao passado, e, quando não nos libertamos dela, não nos lançamos ao novo, não nos propomos a tentar mais uma vez. Em outras palavras, trata-se de uma espécie de "moratória da dor": enquanto permanecemos em seu território, ganhamos tempo extra para sofrer, buscamos todas as desculpas para nos prendermos a âncoras que podem até machucar, mas que parecem menos ameaçadoras do que as velas capazes de nos levar a novos mares.

Muitas vezes, a volta por cima e o recomeço acontecem das formas mais simples e leves do que imaginamos: basta uma mudança de atitude. Em vez de se criticar e de se diminuir com pensamentos depreciativos, permita-se adotar a máxima do "ainda", permita-se uma nova chance para fazer algo no qual ainda não obteve êxito. Você pode começar mentalizando, como um mantra, pensamentos positivos como "Ainda estou aprendendo", "Ainda vou conseguir" ou "Ainda estou dando meus primeiros passos nesse novo terreno".

O que pensamos influencia, e muito, a maneira como nos sentimos – e, consequentemente, o modo como nos comportamos. Se pensarmos de forma mais otimista, nosso coração também se torna menos pesaroso, dando mais leveza e cor às nossas ações.

Não se torture por erros do passado, não se cobre ser mais do que você já é. Todos temos nossas imperfeições, é claro, mas ninguém merece ficar aprisionado a um modelo mental incapacitante nem ter os sonhos enclausurados no passado, e, definitivamente, ninguém merece ser condenado pelo que um dia não soube fazer.

Ainda é tempo de trazer esse ensinamento para a sua vida. E digo mais: você irá se surpreender ao perceber que, enquanto houver vida, ainda haverá esperança. ■

Desconfie do destino e acredite em você. Gaste mais horas realizando que sonhando, fazendo que planejando, vivendo que esperando, porque, embora quem quase morre esteja vivo, quem quase vive já morreu.

SARAH WESTPHAL

6

E se...

A vida é uma grande escola, disso não há dúvidas, e ela tem muito a nos ensinar. Na escola tradicional, primeiro assistimos às aulas e depois fazemos as provas. No momento atual, porém, é como se primeiro recebêssemos as provas e só depois assistíssemos às aulas. Mas essa é uma aula diferente: é uma lição da vida para todos nós. Agora, estamos sendo convocados a ser nossos próprios mestres.

Gostaria de convidá-lo, então, para uma aula diferente. Você não vai precisar de caderno nem de *tablet*, e não usaremos giz nem lousa eletrônica. Não. Esta será uma aula especial.

Para começar, gostaria de propor uma reflexão. E se você decidisse encarar esse momento delicado que estamos vivendo de um jeito diferente? Não como uma guerra, como andam dizendo por aí, nem como uma perda de tempo ou uma oportunidade para se atormentar, para se apequenar e se angustiar diante das incertezas. O que proponho é que encaremos esse momento de outro jeito: como se a vida estivesse nos oferecendo um autoaprendizado rico e necessário.

A vida é uma grande escola, disso não há dúvidas, e ela tem muito a nos ensinar. Na escola tradicional, primeiro assistimos às aulas e depois fazemos as provas. No momento atual, porém, é como se primeiro recebêssemos as provas e só depois assistíssemos às aulas. Mas essa é uma aula diferente: é uma lição da vida para todos nós. Agora, estamos sendo convocados a ser nossos próprios mestres.

Um mestre é aquele que, diante do mar revolto, do céu encoberto, das dúvidas e das incertezas, se mantém no eixo e lidera com segurança. O caminho da liderança começa em nós mesmos, a partir do que chamamos de "aceitação". Quando aceitamos o momento em que estamos e as condições que nos são dadas, saímos da passividade e nos tornamos pilotos da nossa consciência. Em outras palavras, deixamos de idealizar o "melhor possível" para realizar e viver o "melhor do possível".

Essa é uma postura de adaptação e transformação. Quando nos perguntamos o que é possível fazer e aprender, que mudanças podemos operar em nós, em nossas relações afetivas e familiares, ou quando pensamos sobre o que podemos fazer de diferente, estamos, na verdade, nos preparando para o que vem lá na frente. Então, quando tudo passar, você será capaz de olhar para trás e se lembrar de como não perdeu a cabeça, de como não se entregou, de como não jogou a toalha. Você vai se lembrar desse momento como aquele em que teve a oportunidade de olhar para si mesmo, dar um passo em direção ao seu crescimento pessoal e aceitar o aprendizado que a vida tinha para lhe oferecer.

Coloque as coisas em perspectiva; isso ajuda muito. Acompanhe o exercício que fiz aplicando isso à prática: tenho 50 anos, o que somam 600 meses de vida. Olhando as coisas assim, fica mais fácil refletir que não é justo colocar em risco minha saúde, minha sanidade, meu equilíbrio emocional, por apenas seis meses de crise, de isolamento. Um por cento de adversidade, ainda que intensa, não pode definir a minha vida.

Sempre me lembro da frase de Hilel, que Pirkê Avot usou bastante em seu livro *Ética dos pais* (2015): "Se eu não for por mim, quem o será? Se eu for apenas por mim, quem serei? Se não agora, então quando?". ■

7

Sabedoria: uma união da humildade com a curiosidade

Nos momentos em que nos sentimos mais perdidos, uma das primeiras coisas que desejamos é ter alguém para nos dizer o que fazer, para onde ir e como agir, não é verdade? O problema é que, mesmo que haja alguém para nos aconselhar, muitas vezes não aceitamos algumas opiniões com facilidade. Isso acontece justamente pelo que já conversamos no texto anterior: por ainda estarmos presos às nossas cavernas de tristeza e de dor, cegos pelo sofrimento, demora para conseguirmos ouvir. E, se concordamos na hora, basta a pessoa virar as costas para nos entregarmos novamente à nossa dor. Mas calma. Isso é humano, e não acontece só com você.

Agora, se você já cansou de chorar e de se lamentar, é hora de seguir em frente, de ter humildade para se perdoar e curiosidade para buscar novas soluções. É disso que se trata a sabedoria, e, com ela, fica mais fácil descobrir para onde ir e como chegar lá.

Mas é preciso ter atenção, pois essas soluções, ainda que encontradas com a ajuda da sabedoria, não são verdades universais. Somos pessoas únicas, e as respostas de uns nem sempre solucionam as perguntas de outros. E tem mais: muita gente mente e diz que fez isso ou aquilo, que seguiu tal caminho e deu tudo certo, mas nem sempre é assim. No fundo, sabemos que a vida é intransferível e queremos, do nosso jeito e no nosso tempo, encontrar a melhor forma de vivê-la. Desejamos adquirir nossa própria sabedoria, e não apenas "usar" o que serviu para os outros.

Para encontrar uma forma autêntica de se viver, o primeiro passo é ter humildade. E humilde é quem se desobriga a saber tudo, a ser um *expert* em todos os assuntos, a fingir certeza quando não se tem e a saber todas as respostas.

É muito libertador se desvencilhar dessas obrigações: faz você se sentir como uma criança descobrindo um mundo inédito. Já viu um bebê brincando com algo novo? Ele vira de ponta cabeça, mexe, remexe, monta, desmonta.

Também podemos fazer isso com nossas ideias, sabia?

Experimente planejar seus próximos passos por outros ângulos. Reveja suas rotinas, crie novas experiências, visite lugares novos, prove algo que nunca comeu, converse sobre assuntos que não fazem parte do seu cotidiano. Experimente! Se dê essa chance e permita que o novo entre na sua vida, ainda que aos poucos.

Amanhã, se alguém convidá-lo para dançar e você achar que não sabe, aceite mesmo assim. Tente. Vá apenas para ver como é. Quando entrar na pista, lembre-se de que só o fato de ter ido até ali já é um enorme passo. Se tiver coragem, deixe a música entrar, deixe-se conduzir. Não é preciso saber dançar: a música lhe mostrará o caminho. Ao aprender um novo passo, pode ser que você se pegue dando um leve sorriso. Pode ser que você aprecie aquela novidade na sua vida.

No dia seguinte, aproveite para tomar o café da manhã em uma nova padaria. No outro, vista uma roupa que está há muito esquecida no armário. Quem sabe daqui a alguns dias você não se permita aprender uma coisa nova, sem se cobrar acertar de primeira, ou se importar em ser sempre o melhor? Quando agimos com curiosidade, abrimos uma frestinha da janela da vida para que o sol entre novamente.

Há dias em que o máximo que podemos fazer por nós é nos permitirmos o mínimo de leveza. E, por hora, já está ótimo. ∎

É preciso ter
o caos dentro de si
para gerar uma
estrela dançante.

FRIEDRICH NIETZSCHE

8

Escreva seus sentimentos

Quando passamos por um momento de sofrimento, tendemos a nos fechar para o mundo. Ficamos "de mal" com a vida, e mesmo atividades que antes considerávamos prazerosas passam a não nos interessar mais.

Conversar com os amigos (virtual ou pessoalmente), fazer algo para relaxar (como assistir a um filme ou ler um livro): tudo que antes parecia parte da nossa rotina acaba se tornando um fardo pesado para carregar. Então, investindo menos em relações sociais e recebendo poucos estímulos externos, acabamos nos sentindo vazios.

Quando sofremos uma perda, esse comportamento é natural. Há o momento de se fechar, de se preservar, e precisamos respeitá-lo. Mas, depois de certo tempo (que varia de uma pessoa para outra, é claro), algo dentro de nós começa a querer receber o novo, a se abrir de novo. Observe quando esse momento chegar para você, pois trata-se de uma boa hora para usar um interessante refúgio da alma: a escrita.

Antigamente, esse hábito era mais comum: sentávamo-nos e escrevíamos desde cartinhas de amor até cartões de Natal. Com o amplo acesso às tecnologias, porém, há quem mal se lembre de como segurar uma caneta, que desaprendeu a registrar ideias, sentimentos e pensamentos no papel.

Óscar F. Gonçalves, importante psicólogo português e criador da Terapia Narrativa, nos ensina que há um poder curativo no ato de escrever. Quando nos sentamos e colocamos nossos sentimentos e ideias sobre o papel, ganhamos perspectiva sobre o que sentimos. É como se, ao evidenciar e registrar nossos diálogos internos, conseguíssemos analisar com mais precisão o que está se passando dentro de nós. A base da inteligência emocional, ferramenta indispensável para lidar com nossas emoções, está na autoconsciência, que é justamente a capacidade de ler nosso interior, de perceber o que sentimos, de entender como o mundo nos afeta. A partir dessa investigação, nos tornamos mais capazes de escolher qual caminho seguir.

A escrita também é uma ótima companheira. Às vezes, quando o mundo lá fora e os outros parecem pesados ou distantes, acabamos apreciando ainda mais a companhia de quem nos entende verdadeiramente: nós mesmos. Expressar e analisar o que se passa consigo permite reduzir parte dessa solidão, pois a dor ganha relevância, torna-se visível.

Pode parecer bobagem, mas acredite: externalizar seus sentimentos (ou parte deles) para o mundo traz um grande alívio. E depois de alguns dias, quando relemos o que foi registrado no papel, passamos a ver as coisas sob novas perspectivas. **Lori Gottlieb**, autora de *Talvez você deva conversar com alguém* (2020), traz uma importante contribuição nesse sentido. Ela nos ensina que, para alcançarmos a superação, podemos perceber a nós mesmos como o personagem principal da nossa vida e agir como o editor da nossa própria história. A autora nos faz, então, um convite delicioso: "Que tal escrever para si uma história cujo desfecho seria digno de um prêmio?".

bit.ly/ 2Cq3c4Q

Os sentimentos estão em constante mudança, e mesmo que, por estarmos imersos na dor, nem sempre consigamos notar essa evolução, o ato de ler o que escrevemos permite perceber diferentes nuances de um mesmo contexto, novas matizes de sensações que julgávamos conhecidas. Aos poucos, então, nos damos conta de que a vida pode seguir em frente.

Mesmo diante de altos e baixos, mesmo inundados de sentimentos por vezes confusos e contraditórios, o ato de escrever pode nos levar a uma análise interna muito enriquecedora, pois nos dá a coragem necessária para olhar e pensar sobre o que se passa no âmago da nossa dor. Nesse processo, também é possível encontrar tesouros esquecidos, sonhos abandonados, emoções que merecem ser cuidadas e ideais que poderão, em algum momento, nos chamar para viver o novo e para aproveitar a vida que nos espera.

Permita-se um pouco de alívio. Há um universo de sentimentos dentro de você que merece ser observado, cuidado, acolhido e respeitado. Ao fazer isso, você estará se fortalecendo para conseguir se desvencilhar desse sofrimento que, hoje, parece não ter fim.

Com o lápis na mão, o rumo da sua história volta a ser ditado por você, e somente a você caberá a palavra final. Lembre-se: sua história pode ter o desfecho que você quiser. ■

HISTÓRIA PARA INSPIRAR

Mônica: Não aguento mais!

Pensei que aquele seria apenas mais um plantão numa madrugada fria de junho. Fui ao banheiro para lavar o rosto, pois o sono já não me deixava ter a concentração necessária para aplicar as medicações nos pacientes do hospital. Já passava das três horas da manhã. Ao ver, no espelho, o meu cabelo e o par de olheiras que denunciavam o meu ritmo de vida, pensei que o cansaço parecia ter definitivamente vencido a batalha. Eu sabia que não ter conseguido dormir no dia anterior complicaria ainda mais as coisas. Mas eu precisava ir ao banco assinar o empréstimo, pois o dinheiro que ganhava estava sendo bem mais curto que os dias do mês.

Quando terminei de lavar o rosto naquela água gelada de inverno, ouvi, ao fundo do banheiro, um som diferente. Parecia aumentar levemente quando eu abria a torneira e silenciar quando a água parava de cair. Achei estranho e quis ver do que se tratava. Abri, então, a torneira mais uma vez e fui acompanhando aquele som fininho que parecia vir da última cabine. Parei silenciosa diante da porta trancada por dentro. Notei que, na verdade, aquele barulho era de alguém que buscava sufocar um choro.

Não bastasse o meu cansaço, provocado pelo excesso de trabalho e pelo pensamento que girava em torno das parcelas do empréstimo que havia feito, eu agora estava ali diante de alguém que parecia ter tido um dia bem pior que o meu.

Pensei: mas essa pessoa que está aqui ainda nem me viu. Ela não sabe que sou eu do lado de fora. Se eu for embora, ela nunca saberá. Mas, de alguma forma, eu senti que poderia fazer algo. Lembrei-me de quando eu usava essa estratégia de chorar no banheiro. Ainda bem que minha amiga Beth me orientou a fazer terapia. No começo, resisti; como todo mundo dizia que isso era coisa de gente maluca, fiquei com medo de piorar ainda mais o aperto que sentia no peito. Mas, graças a Deus, de tanto Beth sempre me falar com jeito e afeto sobre os benefícios de buscar uma psicóloga, isso me deu forças para dar o primeiro passo que mudaria tudo.

Nas primeiras sessões, por eu estar tão soterrada interiormente por aquele monte de entulhos, a única coisa que conseguia fazer era chorar. Se não fosse o acolhimento que tive no consultório, não sei o que teria sido de mim. Era como se eu fosse apenas restos de uma vida arrasada. Ao passo que fui ganhando confiança para me abrir, comecei até a brincar com a psicóloga, dizendo que eu precisaria reembolsar todas as caixas de lenço que usei no começo. Estava mais leve. Senti que havia achado novamente o sentido da vida. Me senti viva. Eu nunca fui entulho.

Bem nessa hora, o silêncio da cabine do banheiro foi quebrado pelo som daquela desconhecida que buscava assoar o nariz da forma mais silenciosa possível. Ela certamente não queria que ninguém soubesse que estava ali. Eu sentia que uma grande dor e angústia vinham dali de dentro. Mais uma vez pensei comigo: o que tenho a ver com isso? O que posso fazer? Sou enfermeira, não psicóloga. Já tenho problemas demais para resolver. Mas, lá no fundo, ouvia uma voz que gritava dentro de mim para que a ajudasse.

Tomei coragem e, quebrando o silêncio, perguntei se poderia ajudar de alguma forma. Após minha pergunta, a moça pareceu tentar se organizar e parar de chorar. Lembro-me que eu também buscava me recompor para disfarçar o choro toda vez que alguém se aproximava do banheiro que eu havia escolhido como refúgio. O problema é que eu sempre ficava com cara de quem tinha chorado. As pálpebras inchadas, os olhos brilhantes e o nariz vermelho denunciavam. Ouvi a porta sendo destravada, e, quando ela passou por mim, ficou claro que realmente estava chorando.

Eu conhecia aquela moça. Era a Mônica, a enfermeira da UTI que ficava do outro lado do hospital. Ainda meio sem jeito e totalmente convencida que seria incapaz de disfarçar que estava chorando, ela passou por mim e foi até a pia para lavar o rosto e arrumar o cabelo que traduziam o peso de sua angústia. Sua unidade era distante dali. Creio que tenha vindo na esperança de que ninguém de sua equipe notasse sua vulnerabilidade.

Como vi que não tinha papel na papeleira, logo me lembrei de quando minha psicóloga me oferecia lenços enquanto eu, desabada, parecia ser apenas parte daquele meu entulho. Não pensei duas vezes. Fui até a papeleira da pia ao lado e peguei papel suficiente para que ela se enxugasse. Fiquei ali, atenta para não invadir aquele território sagrado cercado de dor. Mônica lavou o rosto diversas vezes. Ela olhava para a conchinha de suas mãos tocadas pela água como se buscasse uma luz que havia se apagado. E parecia não sentir a frieza da água.

Sem dizer uma só palavra, permaneci ali, decidida a oferecer o papel, que, apesar de não resolver seus problemas, poderia levar um pouco de luz, afeto e acolhimento. Para minha surpresa, ela entendeu que eu era uma aliada, e não uma inimiga. Então se virou para mim, aceitou o papel e, enquanto enxugava o rosto, me agradeceu pelo gesto.

– Olha, nunca pensei que passaria por isso. Eu, como profissional da saúde, já vi muita gente chegando aqui neste hospital totalmente descompensada emocionalmente. Pessoas que davam entrada no pronto atendimento pensando que estavam enfartando ou com picos de pressão alta e dor de cabeça. Lembro-me de como elas ficavam incomodadas quando, depois dos exames, os médicos diziam que estava tudo "normal". Via que muitos deles tinham até preconceito com esses pacientes.

Se aborreciam por conta daqueles "loucos" que apareciam apenas para sobrecarregar seus plantões. E hoje, aqui estou eu, no banheiro do hospital, chorando com a tampa do vaso sanitário abaixada... Acho que perdi a conta de quantas vezes fiz isso nas últimas semanas – ela disse, pressionando o papel contra o rosto para secar os olhos.

Ao falar, Mônica buscava controlar o choro, que mais parecia um vulcão de angústias prestes a entrar em erupção. Ela continuou:

– Eu me sinto muito culpada e desgastada. Sinto que não estou dando conta de cuidar de mim, ao mesmo tempo que preciso cuidar da minha mãe idosa e da minha filha adolescente. As duas me demandam muito. Eu juro que tento, mas não estou aguentando mais. Se pelo menos Kleber, meu ex-marido, ajudasse de alguma forma, tudo seria um pouco mais leve. Mas, depois que seguiu pelo caminho do vício em drogas e nos separamos, ele não consegue nem ajudar a si mesmo. Me sinto pequena, feia e insuficiente.

Depois de falar um pouco sobre seu medo de perder o emprego, pois já não tinha mais tanta energia para trabalhar, ela falou que já havia pensado até em desistir da própria vida. Mas que, nessas horas, em que considerava pôr um ponto final em tudo, a lembrança dos rostos de sua filha e de sua mãe a iluminavam com uma esperança que a fazia ter forças para lutar.

Olhei discretamente para o relógio dela. Vi que meu horário do café tinha acabado. Envolvi Mônica em um abraço apertado e a lembrei do quanto era forte e capaz de superar tudo isso. Disse que eu também já tivera minha fase de chorar no banheiro, mas que, depois de procurar ajuda na terapia, entendi que era apenas uma sobrecarga temporária. Descobri que não era eu o problema. Eu tinha uma dificuldade, mas tinha também, dentro de mim, as ferramentas para enfrentá-la. Foi isso que descobri de mais importante: todos carregamos a possibilidade de superar nossas adversidades e, às vezes, só precisamos ser lembrados ou encorajados.

Perguntei para ela se já havia considerado a possibilidade de procurar ajuda para vencer aquela síndrome de esgotamento. Disse que poderia ser uma ótima opção. Assim como minha amiga Beth me encorajou, tentei encorajá-la também. Esboçando um leve sorriso de alívio e gratidão, ela me disse que buscaria, sim, ajuda para retomar o caminho. E depois que jogou fora as folhas de papel que eu lhe havia dado, ela saiu do banheiro parecendo um pouco aliviada.

Foi então que contemplei novamente minhas olheiras no espelho e percebi que eu também me sentia melhor. Acho que o ditado que diz "Mais ganha quem dá do que quem recebe" é bem verdade. Agora me sentia cansada apenas por fora. Passei rapidinho uma base no rosto, ajeitei meu laço no cabelo e voltei mais feliz para a madrugada fria daquele plantão. Todo mundo merece ouvir uma palavra de acolhimento. Todo mundo sofre. Todo mundo precisa de ajuda. E, todos os dias, podemos fazer algo por alguém.

9

Corpo são, mente sã

É difícil falar de saúde quando a última coisa que queremos é vestir uma roupa de ginástica para praticar algum exercício, concorda?

Quando o corpo tem pouca energia, o sofá e a cama parecem ser nossos únicos amigos, nos acolhendo melhor do que qualquer um. Esse fato, somado à queda da autoestima, faz com que nos sintamos sem graça, sem vontade de nos mostrarmos para o mundo. Afinal, por que iríamos querer expor o quanto somos imprestáveis, fracos e incapazes? Ah, sim. Nessas horas, nossa mente é capaz de inventar absurdos sobre nós.

Também é nesses momentos que, em busca de conforto, nos permitimos uma série de prazeres imediatos. Sem nem mesmo nos darmos conta, lá se vão potes de sorvete, biscoitos, chocolates, doce de leite... Tudo aquilo que procuramos controlar no dia a dia, de repente se torna ainda mais apetitoso, não é?

O que acontece é que, diante do estresse, parte do seu inconsciente lhe pede para consumir mais gordura. Visto que o cérebro entende essa situação como uma ameaça, ele busca combustível para garantir sua sobrevivência e adaptação, o que é facilmente interpretado como uma necessidade de consumo desse tipo de alimento.

Apesar de serem apetitosas à primeira vista, as comidas gordurosas geram um problema triplo. Além de terem gorduras de péssima qualidade em sua composição, extremamente prejudiciais à saúde, essas guloseimas abaixam ainda mais a autoestima, pois, após comermos, sentimos culpa. É claro que comer um ou outro docinho de vez em quando não é algo problemático, mas o consumo exagerado de açúcar pode acabar com a saúde de qualquer um. Além disso, a energia gasta pelo seu corpo para processar as gorduras artificiais e as demais substâncias químicas presentes nesses alimentos é exatamente a mesma de que você precisa para superar um momento difícil.

Pode até ser que a sua mente – que, como todas, também trapaceia – lhe diga: "E daí?", "De que importa?", "Qual o problema?". Esses pensamentos, na verdade, são a sua dor falando. Mas nem tudo o que pensamos é verdade ou precisa se concretizar. Não precisamos ser reféns de pensamentos autodestrutivos. No fundo, esses não são os seus desejos, e por isso dói pensar assim.

A boa notícia é que você não precisa ser refém disso.

Vamos pensar juntos. Quando você sonha, quem de fato sonha: você ou sua mente? Se fosse você, bastaria escolher sonhar com o que quisesse, não é mesmo?

Quando estamos sofrendo, é como se vivêssemos dentro de um sonho ruim. É fácil perder a cabeça nessas horas, pois estamos doentes da alma. Sim, trata-se de uma espécie de doença. Se não estamos bem conosco, isso nos prejudica em diversos âmbitos da vida, por isso precisamos de cuidado. Não digo isso para jogá-lo para baixo, muito pelo contrário. Saber que a dor gera pensamentos que não são verdadeiramente nossos nos dá a chance de combatê-los.

Repita para si mesmo, como um mantra, que você importa. Que a sua vida importa. Agora, tudo de que precisa não é querer, e sim acreditar. Se dar uma chance. O que você tem a perder?

Tire apenas uma semana para experimentar o que irei propor aqui. Se, depois disso, ainda quiser voltar para o sofá, é um direito seu. Mas eu acredito que você provará a si mesmo o que muitos estudos científicos já demonstraram: mesmo que comece devagar, mesmo que seja apenas por alguns minutinhos diários, mesmo que a contragosto, o hábito de praticar atividades físicas é capaz de trazer muitos benefícios não apenas para o corpo, mas também para o espírito.

Você já notou que, só de trocar de roupa ou ouvir uma música de que gostamos, nosso astral vai lá em cima? Por mais simples que pareça, ao fazer isso, você envia uma mensagem ao cérebro dizendo que vai dar um tempo do seu sofrimento.

O mesmo acontece com as atividades físicas: quando concluímos um exercício, sentimos que a dor deu uma trégua. É como se disséssemos a ela "Vou ali e já volto". A diferença é que nunca voltamos de corpo inteiro para a dor, pois, ao fazermos da prática de exercícios uma atividade diária, ocupamos nosso cérebro com uma série de comandos benéficos.

Só para você ter ideia, quando nos exercitamos, liberamos maiores quantidades dos seguintes hormônios:

Miocina, que possui função analgésica e calmante, atuando na regeneração da contratura muscular.

Endorfina, que, assim como a miocina, nos protege contra lesões e contribui para a sensação de relaxamento pós-treino.

Serotonina e dopamina, que elevam o humor, aumentando nosso foco e concentração.

Percebe? Todos temos uma "farmacinha" interna que pode – e deve – ser usada, especialmente nesses momentos. O renomado psicólogo norte-americano **Guy Winch** traz uma reflexão interessante a respeito desse assunto. Ele afirma que precisamos praticar essa higiene emocional, cuidar dos nossos sentimentos e da nossa mente com o mesmo zelo com que cuidamos do nosso corpo.

bit.ly/
2YnglEk

Comece devagar, experimentando as alternativas disponíveis até encontrar a que mais o agrada. Há muitos aplicativos para smartphone e canais de exercício no YouTube, além de professores que podem acompanhá-lo ou indicar academias para todos os bolsos e especialidades. Esse passo não precisa ser encarado como uma obrigação: pense nele como um momento para simplesmente experimentar, para testar algo novo: uma atitude de amor com relação a si mesmo.

Ao tomar os devidos cuidados com o seu corpo, você produzirá mais energia, que será utilizada pelo seu cérebro para aprimorar as mais diversas atividades físicas e mentais, incluindo o raciocínio lógico. Dessa forma, você será capaz de ver as coisas sob novas perspectivas, colocando sua vida novamente nos eixos.

Não torça o nariz. Só é preciso uma semana. Acredite: você vai se agradecer por isso! ■

O pessimista
vê dificuldade em
cada oportunidade.
O **otimista** vê **oportunidade**
em cada dificuldade.

WINSTON CHURCHILL

10

Chorar faz bem

Nossa cultura valoriza muito temas como a felicidade e o sucesso. Podemos perceber isso ao observar o elevado número de conteúdos dedicados a esses assuntos. Em contrapartida, quase não há livros ou estudos sobre a dor, a tristeza, o luto e as perdas. Isso sem falar das publicações incessantes nas redes sociais sobre a vida-boa-que-todo-mundo-tem. Na Weblândia, todos parecem viver uma vida maravilhosa, cheia de pratos harmonizados, drinks coloridos, viagens para destinos paradisíacos e festas incríveis para as quais, aparentemente, só você não foi convidado.

Quando somados, esses fatores podem gerar em nós uma enorme sensação de vazio. E, se estamos sofrendo, isso se torna ainda mais doloroso pelo simples fato de que, ao contrário do que dizem as publicações alheias, nossos sentimentos são bem diferentes. Nos sentimos solitários, desamparados, atrasados.

Então, surge um fato curioso. Pesquisas de comportamento apontam que, quanto pior nos sentimos, mais buscamos as redes sociais, e quanto mais navegamos por elas, pior nos sentimos.

Essa síndrome tem um nome: FOMO, que, em inglês, quer dizer "Fear of Missing Out", ou "Medo de estar de fora", de estar perdendo algo. Isso explica parte do afã de tantas pessoas que passam o dia todo conectadas, sempre checando seus smartphones. Uma matéria da revista

SUPERAÇÃO E EQUILÍBRIO EMOCIONAL **55**

Superinteressante[*] revelou recentemente que conferimos nossos dispositivos por volta de 221 vezes ao dia. Isso significa que, se passamos cerca de dezesseis horas acordados, checamos o telefone quase catorze vezes por hora, ou uma vez a cada cinco minutos.

Agora, experimente ligar para alguém para falar sobre uma dor, uma chateação, uma frustração. Teria coragem? Imagine, então, falar sobre os seus reais sentimentos em uma publicação: "Gente, estou me sentindo sozinho", "Pessoal, estou sem vontade de viver", "Acordei muito mal hoje". Já imaginou o que poderia acontecer?

Temos alguns cenários possíveis. Alguém poderia comentar algo como "Pare com isso! Veja que dia lindo está hoje", "Foque em outras coisas" ou "Com uma família linda como a sua, você não tem motivos para estar assim". É claro que poderia acontecer de alguém realmente ligar e se oferecer para uma conversa acolhedora. Mas, cá entre nós, qual desses exemplos é mais comum de se ver?

Percebe como a dificuldade de chorar e de se abrir também vem dessas expectativas sobre o modo como os outros reagirão à nossa dor? E, quando estamos passando por um momento difícil, em vez de lembrarmos que todos somos feitos de vitórias e derrotas, de luz e sombra, nos agarramos ao sentimento de que somos falhos e os únicos derrotados a sofrer, enquanto todo mundo está levando a vida numa boa. Chegamos a nos desculpar quando choramos em público! Dá para acreditar?

O espírito do nosso tempo se alimenta da busca incessante por uma vida frenética, que não pode parar. Quando embarcamos nessa, de repente nos vemos sem tempo para nada, nem mesmo dormir, comer e se divertir. Por isso, é urgente que recuperemos nosso direito de sofrer. Só sabemos o que é o claro porque o comparamos com o escuro, só entendemos o que é o azedo porque conhecemos o doce, só experimentaremos a verdadeira felicidade quando a contrastarmos com a tristeza.

---

[*] Fonte: "Você tira o celular do bolso mais de 200 vezes por dia", publicado na revista *Superinteressante*, por Bruno Garattoni e Eduardo Szklarz, em 23 set. 2019. Disponível em: <https://super.abril.com.br/comportamento/voce-tira-o-celular-do-bolso-mais-de-200-vezes-por-dia/>.

Precisamos, urgentemente, de cursos que abordem a tristeza, a dor, as perdas, as falhas e as quedas. Afinal, ainda que a maioria procure manter uma imagem de força, que dispute os holofotes e esconda as fraquezas por receio de parecer vulnerável, uma coisa é certa: tudo isso faz parte da vida, tanto a alegria como a dor, tanto a paz como as incertezas.

É comum, por exemplo, que algumas mulheres sofram abortos espontâneos durante os primeiros meses de gravidez. No entanto, como se fala pouco sobre o assunto, muitas delas se culpam quando passam por essa situação, sentindo-se inferiores e falhas. Isso porque, lá na Weblândia, a terra dos seres perfeitos, só o que se vê é uma ostentação generalizada de barrigas enormes, lindas e reluzentes, de mamães felizes e bebês saudáveis, com seus "mêsversários" chiquérrimos.

É como se os problemas não existissem.

Os filhos dos vizinhos não fazem birra, não repetem o ano letivo, não desobedecem aos pais, não têm pesadelos nem dificuldade para comer. Eles falam várias línguas, tiram boas notas na escola e colecionam infinitas medalhas.

Gente que detesta o trabalho? Não existe isso na Weblândia. Se olharmos com atenção, porém, perceberemos que muitos estão insatisfeitos, mas não têm coragem ou condições de mudar de emprego. Para não transparecer, então, compartilham apenas suas vitórias profissionais, distraindo-se do vazio provocado por uma rotina que já não os contempla. Basta observar o tom das publicações: já viu como as piadas envolvendo as segundas-feiras são bem diferentes daquelas sobre os fins de semana?

Também não são raras as pessoas que enfrentam dificuldades em seus relacionamentos amorosos. Muitos homens sofrem de ejaculação precoce, por exemplo, e muitas mulheres não conseguem alcançar o prazer. Na realidade, a vida a dois costuma ser bem diferente das mil maravilhas que ouvimos por aí.

Sorte de quem fica de fora dessa vida de imagens projetadas, na qual não nos permitimos ver as pessoas e suas relações como elas realmente são: cheias de altos e baixos, de retas e curvas, de alegrias e dissabores. Sim, é para sentir alívio mesmo, pois, debaixo do manto de superficialidade eufórica que vemos nas redes sociais, existe muita gente sofrendo e se entupindo de remédios.

Lou Marinoff, filósofo norte-americano, escreveu um livro que considero um importante refúgio para nossas almas. Em *Mais Platão, menos Prozac* (1999), o autor nos convida a olhar mais fundo para dentro de nós, a encarar nosso reflexo de manhã, antes de nos arrumarmos para sair. Como bom filósofo, Marinoff afirma que, se tivermos mais coragem de ser, dependeremos menos de parecer ser, nos libertaremos da opinião dos outros e não nos medicaremos tanto. Afinal, quando vemos nossas dores de perto, aprendemos a respeitar e a cuidar delas.

Quando nos permitimos sentir as coisas como elas realmente nos impactam, percebemos que nada é garantido, e que por isso devemos nos dedicar mais para preservar o que importa de verdade. Quando olhamos nossa dor com o devido respeito e nos permitimos chorar, não enfraquecemos. Pelo contrário: nós enriquecemos. E é a partir desse enriquecimento pessoal que desenvolvemos a capacidade de nos dedicarmos a algo que merece nossa atenção, de nos curarmos de uma dor, de viver, enfim, nossos momentos de luto.

O mundo pode nos tirar quase tudo: pessoas, relacionamentos, empregos, dinheiro. Mas as nossas memórias e experiências, estas são únicas, intransferíveis e indelegáveis.

Na vida, o que vale não é quanto temos no bolso ou o número de *likes* que ganhamos. Nada disso vai importar lá na frente, e sim o que levamos conosco, a pessoa que nos tornamos ao longo da nossa caminhada. Nossas memórias são um patrimônio existencial, e está permitido chorar quando elas nos relembram traumas e experiências doloridas. Essa é uma atitude humana, saudável, e só mostra que, assim como todos, você também é feito de carne e osso.

Permita-se chorar. Ser honesto com nossos sentimentos faz bem, alivia, acalma, nos faz perceber que a vida não é feita de mentiras vazias. ∎

11

A arte de perceber pequenas bênçãos no dia a dia

Todos os dias, somos presenteados com uma série de bênçãos, mas nem sempre as percebemos. Seja pelo cotidiano corrido, seja pelo excesso de estímulos, muitas vezes nos alienamos quanto às inúmeras fontes de gratificação de que dispomos na vida. Nos momentos de dor e sofrimento, então, temos a sensação de que nossa mente passa a girar em um redemoinho de angústia, nos afastando do que há de bom dentro de nós e ao nosso redor.

Isso pode ser explicado por um padrão de comportamento do cérebro humano, conhecido como viés confirmatório. É nele que se baseia, por exemplo, o funcionamento dos algoritmos, que identificam nossas preferências para nos indicar séries, propagandas e todos os tipos de conteúdo direcionado. Uma pessoa solteira não recebe sugestões de aplicativos de relacionamentos "do nada", assim como não é coincidência que uma mulher grávida passe a ver, em suas redes sociais, páginas sobre maternidade ou anúncios de produtos para bebês. Nada disso acontece aleatoriamente.

Explicando um pouco mais a fundo, os algoritmos são programas desenvolvidos especialmente para identificar nosso perfil de consumo. Após analisar nossas atividades on-line (buscas em mecanismos de pesquisa, curtidas nas redes sociais, programas mais assistidos em plataformas de *streaming*, entre outros), eles reúnem informações sobre os temas que despertam nosso interesse, utilizando-as para nos oferecer produtos e serviços que se enquadrem nessas categorias.

Mas por que estamos falando disso?

Simples: nosso cérebro funciona da mesma forma ao focalizarmos algum sentimento. Quando nos sentimos bem, tendemos a comprar mais, pois confiamos que o futuro será promissor e que teremos condições de arcar com essas despesas lá na frente. Se você já sofreu uma desilusão amorosa, provavelmente passou um tempo centralizando sua atenção nesse tema, muitas vezes se convencendo de que todas as pessoas do planeta são decepcionantes e se identificando com cada música de fim de relacionamento que toca na rádio, não é verdade?

O psicólogo norte-americano Leon Festinger aborda o assunto em seu clássico *Teoria da dissonância cognitiva* (1975). Neste livro, ele explica que, quando queremos adquirir algum produto, procuramos diversos motivos para nos convencer dessa necessidade, criando uma consonância que nos leva ao ato da compra. No caso de um carro, por exemplo, pesquisamos fatores como preço, segurança, consumo de combustível e valor de revenda, nos enchendo de razões para justificar a aquisição desse bem. Alguns dias após a compra, porém, podemos facilmente cair em dissonância quando nos deparamos com um problema mecânico e percebemos que o valor de um simples reparo é altíssimo, ou que o consumo não é aquele prometido na propaganda. Quando isso ocorre, tendemos a mudar rapidamente de lado, ou seja, o bem, que antes era visto como um objeto de desejo, torna-se alvo de rejeição.

Tudo isso nos ajuda a entender que, quando analisamos determinada situação sob um estado de tristeza, acabamos distorcendo a realidade. Podemos desprezar a responsabilidade que temos sobre nossas escolhas, nos colocar como vítimas ou simplesmente não enxergar o que é possível fazer para superar uma situação.

Nesse contexto, uma maneira simples de retomar o controle da sua vida e acalmar sua mente é buscar reconhecer suas bênçãos cotidianas. Todos nós as recebemos, e elas podem nos ajudar a retomar a alegria de viver. Mas como percebê-las?

Uma boa forma de começar é treinando seu olhar. Procure notar um sorriso bonito de alguém na rua, uma árvore mais colorida no caminho para casa. Pare um instante para olhar o céu ou sentir a paz do silêncio. Note a vida. Permita-se sentir a vida que existe em torno de você. Deixe que o belo e o sublime entrem em seu coração e absorva a leveza e o conforto que o mundo tem a oferecer.

A espiritualidade também pode nos trazer calma: muitos se sentem abençoados por meio de orações, louvores e da sensação de unidade alcançada quando conectamos corpo e espírito, nos entregando verdadeiramente ao momento.

Nos relacionamentos cotidianos, podemos nos sentir acolhidos por uma palavra gentil, pela ajuda ou atenção de alguém e por atitudes simples de carinho que, em momentos delicados, fazem toda a diferença.

Nossas memórias também são uma grande fonte de bênçãos. Repare quantas coisas recebemos de outras pessoas, muitas vezes sem oferecer nada em troca. Você costuma olhar para trás e se lembrar desses momentos? Mesmo que algumas lembranças não façam mais parte de nossas vidas, podemos sentir uma gratidão reconfortante no peito quando as trazemos de volta.

A música também pode ser algo bastante terapêutico, sabia? De que tipo de som você gosta: mais agitado ou mais calmo, clássico ou contemporâneo? Caso não tenha certeza, procure experimentar diferentes ritmos até identificar aqueles que se conectam a você. A música toca diretamente no sistema límbico, responsável por reger nossas emoções, e pode nos acalmar ou animar, nos fazer chorar ou sorrir. Ao tocar nossa sensibilidade, ela nos ajuda a encontrar a força da qual precisamos para seguir construindo nosso futuro.

Aliás, pensar sobre o futuro não precisa lhe trazer ansiedade. Fazer planos, sonhar, imaginar o que ainda gostaria de viver, tudo isso é importante para animar a mente e ampliar o olhar para além do momento presente. Acredite: projetar-se em situações que você deseja experimentar pode ser inspirador.

Por último, mas não menos importante, permita-se entrar em contato com a natureza sempre que possível. Além de não nos pedir nada em troca, tudo nela está no seu devido lugar, o que nos faz sentir mais plenos e em sintonia com o mundo. O contato com um animal de estimação, com os sons do campo, com o cheiro da terra ou até mesmo alguns minutos de observação do céu, admirando as estrelas, pode nos trazer conforto interior e nos dar mais vontade de viver. Se não for possível visitar algum lugar próximo da natureza, experimente ver fotos ou vídeos de destinos que você gostaria de conhecer, buscando sempre se conectar à energia do ambiente. Você sentirá uma enorme e benéfica diferença em seu astral. ∎

HISTÓRIA PARA INSPIRAR

Sílvia: Colecionando pequenas alegrias

Por muito tempo, a lembrança daquela porta toda esculpida, de laca branca, me doía na alma. Bastava me lembrar dela, que havia sido planejada com tantas expectativas e sonhos envolvidos, mas que agora estava fechada, para me tirar a alegria dos olhos e apertar meu coração. Eu me casei nova, mergulhada em sonhos, acreditando no meu conto de fadas e me sentindo uma verdadeira princesa ao lado do seu príncipe, que era, na época, o amor da minha vida. Quando estava ao lado dele, me sentia feliz, segura, motivada e animada para viver. Sentia que éramos de fato almas gêmeas. A porta de nosso apartamento simbolizava tudo aquilo que queríamos deixar para dentro e para fora. No nosso pequeno castelo, tudo havia sido escolhido com amor, cuidado, carinho e esmero. Cada pequena peça e objeto de decoração, da colcha da cama ao tipo de lâmpada no lustre, tinha seu valor. A porta, como último elemento, separava o nosso mundinho da vida lá fora. Acreditávamos que, dentro da nossa casinha, estaríamos protegidos para sempre, como gostamos de acreditar que são os casamentos.

Mas percebi que havia uma diferença entre querer casar e estar casada. Logo depois das primeiras semanas, notei que o meu príncipe era feito, na verdade, de carne e osso. E, com o passar do tempo, mais osso do que carne. Um osso duro de roer. Uma pessoa que, durante o namoro e o noivado, se mostrou afável, carinhosa, generosa, dedicada e delicada. Com o passar das semanas, porém, começou a emitir expressões antes jamais imaginadas, como "Cala a boca", "Você é uma idiota", "Não enche o saco", "Fica quieta, você é a minha mulher, faça o que estou mandando agora", "Sai daqui!". Palavras e expressões que eu jamais imaginaria que sairiam dos lábios daquele que outrora havia sido o meu príncipe. Depois de meses, que logo viraram anos, de sofrimento e distância entre nós, o abismo havia se tornado intransponível. Já não o reconhecia. Seu cheiro havia mudado, e a imagem do seu rosto havia se tornado a de um estranho. Já não havia conexão, apenas dor. A angústia que se aproximava na sexta-feira, porque íamos passar mais tempo juntos, só era menor que a de segunda-feira, que vinha com um sentimento de derrota. Pois o fim de semana juntos não abastecia o coração, pelo contrário, esvaziava a alma.

Sentindo que estava adoecendo a alma, decidi procurar um psicólogo, que, em poucos meses, me ajudou a perceber que eu estava, na verdade, repetindo um padrão de relacionamento, algo que já havia vivenciado com meu pai na infância. Era exatamente o mesmo modelo que eu via no meu pai em relação à minha mãe. Parecia clichê que algo tão ridículo e banal me fizesse questionar por que ainda não tinha enxergado aquilo antes. Me senti deprimida, burra e idiota. Estava lá, perdida, sozinha, triste e sem rumo.

Eu só sabia chorar. Chorava e me culpava durante quase todo o tempo das sessões de terapia. Foi então que, em uma das sessões, quando eu estava me debulhando em lágrimas, meu psicólogo saiu de sua poltrona, me pediu que levantasse, segurou firme nos meus ombros e, olhando fundo nos meus olhos, como um amigo de verdade costuma fazer, disse:

– Pare agora com isso! Agora! Existe um poder que se chama "inconsciente". E nem sempre somos capazes de vencer essa força tão grande que nos faz automatizar a maioria dos processos em nossas vidas.

Aquilo me aliviou. Me senti um pouco menos idiota, um pouco menos responsável pela tragédia da minha vida.

E ele continuou:

– Preste atenção! A renovação de seu cabelo, de sua pele, de seu metabolismo, dos 24 trilhões de células que se organizam em seu corpo, os hábitos e as rotinas do dia a dia que construímos para viver, isso tudo é automático. Tudo isso é feito pelo inconsciente. Pare de se torturar agora. Será que já não sofreu o bastante? Você me relata que passou mais tempo da sua vida ao lado desse homem sofrendo do que sendo feliz. Mais tempo adoecendo do que amando. Às vezes, é preciso coragem para abandonar os sonhos quando eles se mostram pesadelos inadiáveis e imutáveis. Chega disso!

Tomei um susto ao ouvir isso dele. Eu saber aquilo era uma coisa, mas aquelas palavras, saindo dos lábios de outra pessoa, tomaram um outro peso.

Então ele finalizou, dizendo:

– Você tem em suas mãos uma decisão. É por isso que você está adoecendo. Pois a sua angústia está passando da alma para o corpo. Mas não precisa mais ser assim, e só você vai poder interromper esse sangramento desatado. Sua doença atual apenas anuncia a inevitabilidade do que você tem que fazer pela frente. Não cabe a mim, como psicólogo, lhe dizer o que deve ser feito. Mas, por outro lado, por ética, tenho a obrigação de lembrá-la que, se mantiver sua vida como está, além de ter tido uma infância condenada e o começo da vida adulta devastada, você também pode ter agora uma doença instalada. A decisão é sua. Essa pode ser a história da sua vida ou você pode decidir aqui e agora que ela seja apenas *uma* das histórias da sua vida. Sim, você pode escolher que outras histórias, outros enredos, outras coisas venham no tempo e da forma certa. A escolha é sua!

Aquelas palavras colocaram uma nova moldura em tudo. Percebi, naquele momento, que nem tudo precisa ser definitivo se não quisermos que seja. Se decidirmos nos perdoar e seguir adiante levando só o que aprendemos, e não as mesmas dores todos os dias. Entendi então que, se fui capaz de construir todo aquele sonho, é porque a matéria-prima dele pertencia também a mim. Eu não sonhei sozinha. Sonhei ao lado de alguém que se mostrava um príncipe, um homem encantador. E escolhi que o direito de sonhar estaria, dali em diante, de novo em minhas mãos.

Doeu. E ainda dói. E talvez uma parte dessa dor estará aqui para sempre, mas como aprendizado, não mais como um peso que me paralisa. Isso não. Não mais! Decido também me comprometer a colocar novas alegrias, esperanças e possibilidades ao redor dessa dor. Pois uma coisa que aprendi nesse meu processo de autoconhecimento é que nem sempre conseguimos tirar o escuro, mas podemos, sim, aumentar a luz, a nossa luz, assumindo a responsabilidade diante do que passamos.

Nem sempre conseguimos acabar com a dor, mas podemos aumentar as alegrias que colecionamos no dia a dia. Hoje, vivo disso: de colecionar pequenas alegrias. Quando acordo, ainda que sozinha, para tomar um café da manhã na padaria, procuro dar um bom-dia para o padeiro e sorrir carinhosamente para a menina do caixa. Saio de lá não só com a barriga alimentada, mas também com o coração cheio. Hoje, coleciono gente boa dentro de mim.

Sei que há pessoas boas no mundo, por isso sigo assim na lavanderia, no shopping e no meu trabalho, cultivando pequenas alegrias. E quem sabe a vida me permita viver novas e duradouras alegrias no grande livro da minha história. Eu quero mais é ser feliz.

12

Saber ouvir o chamado da vida

Quando alguém ou alguma situação nos magoa, costumamos nos sentir abatidos e desencantados, não é verdade? Nossos planos, sonhos e metas vão todos por água abaixo, sendo substituídos por uma imensa sensação de derrota.

Nessas horas em que estamos "de mal" com a vida, costumamos nos fechar para o mundo.

A boa notícia é que não precisa ser assim. Nem toda situação inesperada configura uma derrota, e nem todo imprevisto precisa gerar mágoa. Pense comigo: há situações que realmente nos pegam de surpresa, que nos atingem sem que pudéssemos prever. Se é impossível antecipar o acaso, por que nos culpamos? Por que nos apegamos à mágoa e ao ressentimento se isso apenas aumenta nossa dor?

Na verdade, há uma explicação.

Muitas das nossas reações são mecanismos de defesa. Para não nos sentirmos impotentes com as perdas, mascaramos a dor com a raiva, atacando o mundo, os outros e até nós mesmos. O problema é que nada disso ajuda, pois não passa de uma válvula de escape provisória: passada a raiva, voltamos a nos sentir fracos e desprotegidos. Então, para que se atormentar com doses homeopáticas de irracionalidade que apenas o envenenarão por dentro? Não caia nessa.

Por mais real que a sensação de derrota possa parecer, ela não passa de uma ilusão da mente. O que acontece é que, quando planejamos algo, tendemos a idealizar nossos desejos, projetando imagens e criando expectativas que não necessariamente correspondem à realidade. Esse otimismo inicial, que se origina das imagens que criamos em nossa mente, pode se confirmar ou não.

Sêneca, importante filósofo romano, dedicou-se a estudar a raiva com especial interesse. Ele era conselheiro de ninguém menos que Nero, um dos imperadores mais austeros e sanguinários de todos os tempos. Para se ter uma ideia, Nero era conhecido por atirar homens e mulheres, velhos ou jovens, aos leões apenas por estar entediado, ou por não ter simpatizado com alguém. Sêneca chegou, então, a algumas conclusões que podem ser úteis a todos nós, especialmente quando nos deixamos cair no fosso da amargura, torturando-nos incessante e indevidamente.

Para o filósofo, o excesso de otimismo pode nos trazer muitos dissabores. Isso não significa, é claro, que devemos ser pessimistas, mas sim buscar entender que a vida não gira em torno do nosso desejo.

Ela gira como deve girar. As coisas são como são.

Sêneca compara a vida a uma bicicleta andando sem parar à nossa frente, e nós, meros mortais, somos como um cão preso a ela por uma corda. Corremos atrás da roda da vida, que é a bicicleta. Vivemos sob a ilusão de que temos toda a liberdade do mundo quando, na verdade, o alcance de nossas ações costuma ser muito menor do que imaginamos ou queremos.

Esse alcance, ou livre-arbítrio, representa nossa verdadeira liberdade, ou seja, aquilo que podemos escolher, nossas decisões cotidianas. Mas, se olharmos bem, há uma imensidão de coisas acontecendo independentemente da nossa vontade. Por isso, quando algo não sai de acordo com o que queremos, devemos ter humildade para lembrar que a vida não está ao dispor do que queremos ou planejamos.

Isso vale para todos: ninguém é capaz de controlar tudo, de saber tudo, de acertar tudo sempre. Está além da nossa capacidade prever se vai ou não chover, se alguém vai tentar nos passar para trás, se vai haver trânsito, se o pneu do carro vai furar, se o ônibus vai atrasar, se nosso companheiro ou companheira vai acordar de mau humor ou se nossos filhos terão um ataque de nervos.

Aceite, com humildade, que não temos como controlar essas situações.

Admitir nossas limitações não nos leva à passividade, mas sim a uma importante sabedoria de vida, o que significa entender que, quando não podemos escolher o que viver, ainda assim podemos escolher como viver. Viktor E. Frankl nos ensina que não somos vítimas das circunstâncias, mas de nossas escolhas, e que entre o estímulo e a resposta sempre há algum espaço, por menor que seja, para uma decisão nossa. Ao entender que as coisas são como são, nos preparamos para enfrentar os eventuais obstáculos com o que temos à mão, cuidando para fazer as melhores escolhas.

Planejar-se é saudável e faz bem, mas, às vezes, é preciso aceitar que o destino tem outros planos para nós.

Há também, é claro, momentos em que essa "bicicleta da vida" anda mais devagar, permitindo que nos alinhemos e nos coloquemos à frente de determinadas situações. Esses momentos podem ser prazerosos, mas é preciso ter cuidado, pois trata-se de algo passageiro. Ao nos conscientizarmos do nosso lugar perante o imprevisível, conseguimos seguir com mais leveza e confiança, aproveitando o momento presente.

Por fim, há situações em que o planejamento não importa. Podemos dar tudo de nós, fazer cálculos, consultar especialistas, especular mil possibilidades e, mesmo assim, não alcançar o sucesso desejado. Mesmo quando julgamos estar fazendo tudo certo, mesmo quando nos comprometemos inteiramente, nem sempre as coisas saem como gostaríamos. Nessas horas, não adianta latir, rosnar ou morder. Em vez disso, levante-se, sacuda a poeira e siga seu caminho com a consciência de que, da mesma forma que a vida pode girar repentinamente para o lado oposto ao que esperávamos, provocando tristezas e frustrações, ela também pode girar a nosso favor, trazendo bençãos imensuráveis.

A melhor estratégia para seguir vencendo no jogo da vida é celebrar as vitórias e mostrar dignidade diante das perdas. Revoltar-se é natural, mas é importante lembrar que a roda da vida sempre gira: se hoje ela girou contra, amanhã poderá girar a favor. Então, em vez de perder a sanidade lamentando-se pelo que já se foi, invista sua energia preparando-se para o que está por vir.

É preciso saber ouvir o que a vida quer de nós. Pare e escute: o que ela quer de você neste momento? ■

Há pessoas que choram por saber que as rosas têm espinhos. Há outras que **sorriem** por saber que os espinhos **têm rosas**!

MACHADO DE ASSIS

13

Pequenos passos, um dia por vez

Você já passou por alguma experiência tão traumática que o fez pensar em nunca mais fazer planos, se envolver com outras pessoas ou se arriscar novamente?

Quando vivemos algo assim, tudo o que queremos é não ter que passar mais uma vez pelo luto, pela decepção. Impotente e enfraquecida, nossa mente nos leva a acreditar que, se não criarmos expectativas, não haverá decepções.

Mas isso é apenas uma meia verdade.

Como vimos, as frustrações são inerentes à vida, e, mais cedo ou mais tarde, elas nos visitarão. Não há como nos blindarmos delas, mas podemos nos preparar para enfrentá-las. É daí que vem o ditado: "O covarde morre mil vezes, o corajoso, apenas uma". Então, quem vive mais?

É preciso ter certa dose de coragem para recomeçar, eu sei. Mas, se não arriscamos nada, também deixamos de viver experiências positivas. A melhor forma de nos prevenirmos contra as decepções é ter em mente que as coisas nem sempre acontecerão como desejamos e nos prepararmos para os revezes. Nesse momento, é saudável se permitir uma dose de otimismo para escrever com leveza os novos capítulos da vida.

Se você está se sentindo desanimado e sem energia, aproveite para tirar um projeto da gaveta. Assim, além de aumentar seu raio de controle vital, você organiza sua volta por cima e não se torna refém da falta de força de vontade ou da opinião dos outros. Lembre-se de que, nesses momentos de dor, tendemos a não ter consciência de alguns pensamentos que podem nos pregar peças. É aí que nossa mente nos leva a acreditar que nenhum esforço vale a pena, que não somos capazes de superar e que nada mais tem valor, nos mantendo paralisados em um estado de inércia.

Procurar apoio é válido, claro, mas cuidado para não se ancorar em palpites de outras pessoas sobre o que é melhor para você. Embora a opinião de amigos ou especialistas seja importante, muitos deixam de sonhar ou viver o que realmente gostariam por seguir aquilo que o outro diz, desconsiderando a própria individualidade. Já ouviu a expressão "efeito manada"? É disso que estamos falando.

La Boétie, filósofo francês do século XVI, estudou esse mecanismo e o nomeou de "servidão voluntária". Ele identificou que, quando direcionamos nossos pensamentos para certas preocupações, como o que vão dizer ou pensar de nós, se estamos na idade de fazer determinada coisa ou se somos capazes disso, damos voz a um "eu" fragilizado que pede ao outro que comande nossa vida. Entregar o leme para outra pessoa pode parecer uma boa decisão quando as coisas saem como o planejado. Quando isso não acontece, no entanto, nos sentimos ainda mais frustrados, pois precisamos nos responsabilizar pelas consequências de uma escolha que não partiu de nós.

Agir com protagonismo é sair do lugar de mero seguidor da opinião alheia e parar de se esconder dos seus verdadeiros sonhos e desejos. É assumir seu próprio leme e dar o melhor de si, com a consciência de que, se der certo, ótimo, e se não der, ainda assim você terá agido segundo a sua verdade.

Quem não conhece Oprah Winfrey, famosa apresentadora de televisão norte-americana e uma das mulheres mais influentes da atualidade? Pois acredite: ela já foi demitida de uma emissora que não gostou do seu trabalho. O mesmo aconteceu com os Beatles, com a J.K. Rowling, criadora da série de livros Harry Potter, e com muitas outras celebridades bem-sucedidas nas mais diversas áreas.

Histórias de superação nos mostram que, com pequenos passos, vivendo um dia por vez, é possível chegar tão longe quanto sonhamos. Para iniciar essa caminhada, proponho que você comece a listar, em um diário –

pode ser um *planner*, uma agenda física ou mesmo no celular –, atividades que são importantes para você, das mais simples – acordar cedo, comer, se exercitar – às mais complexas – viajar, reformar a casa, começar um projeto novo, fazer finalmente aquela pós, aprender uma nova língua ou se matricular num curso breve. Sua lista deve se enquadrar no seu ritmo, no seu estilo e na atual fase da sua vida. Depois, busque concluir ao menos uma dessas atividades por dia, atualizando cada passo por escrito. Você verá por si mesmo como somos capazes de realizações quando movimentamos, diariamente, nossa energia em torno de um desejo.

O lema "Só por hoje", aliás, é um dos mais utilizados em renomados programas de recuperação, como os Alcoólicos Anônimos. Seu sucesso reside no fato de que reunir a energia necessária para levantar da cama e vencer a depressão por apenas mais um dia nos parece algo possível, que está ao nosso alcance.

Selecionei, aqui, algumas frases para você completar no seu diário ou agenda. Não se obrigue a nada: os itens abaixo não passam de sugestões; você pode modificá-los ou adicionar outros.

> No que diz respeito à minha vida familiar, esta semana eu quero
> _____.
> Para cuidar bem da minha saúde, eu posso _____.
> Quem eu quero ver ou ligar nos próximos dias são _____.
> Em relação às atividades físicas, eu irei _____.
> Para viver uma boa semana, vou meditar/praticar um relaxamento da seguinte forma: _____.
> O que quero estudar e aprender nos próximos dias é _____.
> Quando não quiser ver ou falar com alguém, vou _____.
> O próximo livro que quero ler é _____.
> No que diz respeito ao trabalho, vou _____.

Com um passo de cada vez, vivendo um dia por vez, podemos dar início a uma nova etapa cheia de novas alegrias e realizações. No seu tempo, do seu jeito.

Agora, responda: o que você poderia fazer, só por hoje, para atender ao chamado da sua vida? ■

14

Aprender algo novo alimenta o cérebro

Um dos maiores presentes que nós, humanos, ganhamos da natureza é um mecanismo chamado de "sistema de recompensa". Ele é responsável por gerar a satisfação sentida ao saber que algo pelo qual ansiamos vai enfim acontecer. Vem dele uma das mais famosas citações do clássico *O Pequeno Príncipe* (1943), de Antoine de Saint-Exupéry: "Se vens, por exemplo, às quatro da tarde, desde às três começarei a ser feliz". Há também um ditado popular que reflete a mesma ideia: "O melhor da festa é esperar por ela".

Quando fazemos ou pensamos em algo que nos traz prazer, nosso cérebro produz mais neurotransmissores relacionados à felicidade, como a dopamina e a serotonina. Isso nos dá uma vantagem enorme sobre outras espécies de animais, pois contamos com algo que elas não possuem: a automotivação.

É por meio desse sistema de recompensa que nos motivamos a viajar, a preparar uma festa, a encarar aquela pós-graduação, a ingressar em um novo desafio. Munidos de uma espécie de felicidade antecipada, nos impulsionamos para seguir adiante com nossos planos.

Por outro lado, quando nos sentimos tristes e desapontados, tendemos a abandonar novas metas e ideias. Desencorajados, não são raras as vezes que recusamos oportunidades que podem mudar nossas vidas, nos escondendo em uma concha de falsas seguranças e repetindo, assim, os mesmos comportamentos dia após dia. E não há nada pior para o astral do que a mesmice.

Antes de cair nessa, procure aproveitar o mecanismo mental do sistema de recompensas e comece a "crer-para-ver". Afinal, se fôssemos sempre esperar "ver-para-crer", não teríamos conhecido os quatro cantos do planeta, explorado o fundo dos mares, chegado à lua ou criado tantas maravilhas, como as artes, a música e as ciências.

Pense, agora, em algo que você gostaria de aprender ou aprimorar. Pode estar ou não ligado à sua vida profissional, ser simples ou complexo, não importa. O que peço é que você permita que uma nova energia entre na sua vida.

Podemos viver todos os dias da mesma maneira, repetindo os mesmos padrões, nos guiando pelas mesmas ideias, seguindo as mesmas rotinas. Mas, se por um lado essa repetição nos dá a impressão de que estamos protegidos de nos machucarmos de novo, por outro, manter esse ritmo por muito tempo faz com que nossa energia fique parada, embolorada, como uma roupa que passou muito tempo guardada no armário. Tem momentos em que precisamos nos dar a chance de receber novos ares da vida, limpar nossas ideias, deixar a dor de molho e nos ocupar com um pouco de novidade.

Novidades nos deixam animados porque, quando aceitamos novos convites da vida, dizemos a nós mesmos que estamos nos movimentando, andando para a frente, o que aquece nosso coração. Quando aprendemos algo novo, também nos sentimos mais capazes, o que eleva nossa autoestima e nos dá a coragem necessária para confiarmos em nós mesmos.

O novo é capaz de nos distrair do sofrimento, permitindo que sigamos um pouco mais leves. Trazer novidades para a sua vida é se permitir conhecer novas pessoas, aprender novas formas de ver e viver a vida, receber o futuro e, com ele, a oportunidade de renascer.

Tire dois minutos para pensar: o que você gostaria de aprender? O que isso traria a você? Prazer, sucesso, dinheiro, alegria, saúde, paz? Onde e como você pode começar? Gostaria de ir sozinho ou de convidar alguém para ir junto?

Que tal escolher uma data para começar? ■

HISTÓRIA PARA INSPIRAR

Sônia: Fechada para balanço

Sônia é uma mulher de 42 anos, de cabelos longos e bem cheios, um corpo forte e firme, de sorriso largo e iluminado. Daquelas que jamais passam despercebidas por onde andam. Muito batalhadora, ela conseguiu seu diploma com muito esforço, além de ter aprendido inglês sozinha, usando aplicativos e outros recursos, durante o tempo que passava no metrô a caminho de seu trabalho na secretaria executiva de uma grande empresa.

Estava, havia anos, "fechada para balanço", como ela mesma dizia. Não permitia que ninguém novo se aproximasse, nem possíveis amizades nem candidatos a parceiros. Nem aqueles muito insistentes conseguiam um pouco de sua atenção. Na empresa, as pessoas se perguntavam por que ela, justo ela, uma mulher inteligente, interessante e tão cheia de vida, estava sempre sozinha. Ninguém conseguia entender o porquê disso, nem mesmo suas amigas mais próximas.

Certo dia, Gabriela, uma daquelas amigas insistentes que nos fazem desabafar mesmo quando não queremos, que sabem a forma certa de entrar no nosso coração, chamou Sônia num canto e perguntou:

– Por que você age assim? Por que vive nessa sua bolha de solidão?

– Como assim, amiga? Deixa quieto, isso é problema meu – retrucou Sônia.

– Não é bem assim, amiga. Quando a gente ama alguém, os problemas dessa pessoa passam a ser da gente também. Você é minha amiga, e, se você não está bem, eu também não estou. Você se arruma toda, chama a atenção de vários caras, mas não dá chance para ninguém. Você sempre ajuda todo mundo em questões de relacionamento, mas cadê o seu boy, o seu parceiro? Quem fez você ficar assim, fechada?

E então, com os olhos cheios de água, Sônia desabafou:

– Sabe, eu sofri um abuso sexual muitos anos atrás. Era um tio que morava em outra cidade e que vinha à minha casa de vez em quando. Na frente dos meus pais, ele era simpático, gentil e cavalheiro, mas era só minha mãe sair da sala para ele me olhar com luxúria. Ficava mostrando a língua, sabe? Aquilo me causava uma náusea terrível. Ele era alto, um cara enorme, parecia um gigante, e eu era uma menina. Um dia, meus pais saíram e me deixaram a sós com ele, que veio com aquelas mãos enormes para cima de mim. Foi tudo muito rápido, mas doeu demais. Dói muito até hoje... – E desabou num choro incontrolável, continuando: – Foi tudo muito bruto, rude. Ele me machucou tanto que, desde então, eu decidi que nunca mais ia passar por aquilo.

– Puxa, eu lamento muito. Mas talvez esteja na hora de você parar de se fazer de vítima – Gabriela disse, abraçando-a.

– Como assim, me fazer de vítima? Eu fui vítima! Eu fui violentada! Você não sabe do que está falando! Me deixa.

Então, com uma sabedoria doce e madura, a amiga segurou as mãos de Sônia e falou:

– Sim, lá atrás você foi vítima. Eu lamento por isso. E respeito os seus sentimentos e a sua dor. Naquele momento, não tinha nada que você pudesse fazer, tenho certeza disso, e eu sinto muito, de coração. Queria muito ter uma poção mágica para arrancar essa sua dor e jogá-la fora. Mas só você pode fazer isso. Amiga, no passado você foi vítima de um abusador, mas talvez não perceba que, desde o dia em que aquilo aconteceu, você viola a si mesma. Você está se torturando e se condenando ao não permitir que uma pessoa entre na sua vida para te amar, te curtir, ser uma boa companhia. Amiga, acorda! Vejo você fazer isso e me dói, sabe? – E continuou: – Você se fere a cada dia, privando-se da chance de viver algo novo.

– Mas eu não quero passar por isso de novo.

– Sim, claro que não. Ninguém quer. E nem precisa viver. Lá atrás, você foi vítima, sim, e foi muito machucada. Você não pode mudar o que já passou, mas tem o poder de transformar o aqui e o agora. E quer saber? Eu não acredito e não concordo que aquela pessoa tenha o direito de condenar a sua vida inteira por causa daqueles minutos de violência desumana. Ele agiu de uma maneira horrorosa com você, mas está na hora de olhar para si mesma com mais carinho e zelo. Está na hora de você assumir as rédeas da sua vida e deixar o passado para trás, amiga. Entenda que quem errou foi ele, não você. Lá atrás você foi uma vítima, mas não se vitimize ainda mais, não se condene todos os dias por isso.

– Mas é muito difícil, é muito triste. Eu não consigo perdoá-lo. Não consigo nem me perdoar.

– Não precisa perdoar neste momento. Basta aceitar. Mas aceitar não quer dizer concordar nem gostar, e sim entender que essa foi a realidade naquele momento, mas que não precisa ser assim para sempre. Se aquela cena vai se transformar no filme inteiro da sua vida, isso já é responsabilidade sua.

– Aceitar eu posso. Acho que consigo fazer isso – disse Sônia, chorando.

– Então aceita, amiga. Aceita o que aconteceu e entenda que, naquele momento, não havia nada a ser feito. Aceita também que isso não precisa mais definir quem você é nos anos que tem pela frente, poxa! Você nunca mais vai permitir que esse homem atrase a sua vida, não é?

– De jeito nenhum! – exclamou Sônia, com o olhar determinado.

– Boa! É isso que eu queria. Use essa raiva a seu favor, amiga, e não contra si mesma.

Elas se abraçaram, choraram juntas e não tocaram mais no assunto.

Nas semanas que se passaram, Sônia estava com outro semblante. Estava mais leve. Ela tomou a decisão de aceitar o que lhe aconteceu. Era uma realidade muito difícil, mas ela não podia mais permitir que aquele homem e o trauma que tinha vivido tomassem conta de sua vida e continuassem roubando sua felicidade.

Com o coração menos pesado, aos poucos, ela começou a se abrir para o mundo, a receber os amigos que queriam estar ao seu lado e até a considerar, quem sabe um dia, se aventurar em um novo amor. "Se vier para o bem, que os anjos digam 'amém'." – Esse passou a ser o novo lema de Sônia. O passado só determina o futuro se nós permitirmos isso.

15

Uma maneira simples de turbinar sua autoestima

A autoestima nunca esteve tão em alta quanto nos dias atuais. Afinal, quem não gosta de se sentir bem consigo mesmo, estar satisfeito com seu corpo, ter dinheiro no bolso, andar de bem com a vida e tudo aquilo que o amor-próprio pode proporcionar?

Acontece que, quando estamos para baixo, a simples ideia de se informar a respeito disso pode nos deixar nervosos. Sentimos que esse assunto não é para nós, que autoestima elevada é coisa de gente sortuda, madura ou "mais evoluída".

Com pouca energia de realização, nossa tendência é buscar todos os motivos do mundo para rejeitar novas ideias e possibilidades. Somos muito criativos na hora de inventar desculpas: "Hoje não dá", "Amanhã eu começo", "Estou cansado agora", "Ninguém da minha idade faz isso", "É muito caro", "É longe", entre muitas outras. Pensar assim nos dá a falsa impressão de que estamos protegidos das frustrações da vida, mas a verdade é que estamos apenas nos isolando e nos fechando para novas conquistas.

Dizemos, com frequência, que "Assim que estiver tudo bem" ou "Assim que eu melhorar", daremos uma chance ao novo. O problema é que, primeiramente, isso pode demorar mais do que imaginamos, dando tempo e espaço para que atitudes autodestrutivas ameacem nossa carreira, nossa vida social e até nossa saúde. Além disso, resistir ao novo faz com que nos acomodemos e nos acostumemos a esperar pouco da vida, do futuro e de nós mesmos.

A palavra "animação" vem do latim *anima*, que quer dizer "alma". De fato, uma pessoa animada é aquela que faz as coisas com a alma. Um bolo, uma música, uma poesia, uma aula: tudo fica melhor.

Agora, sou eu quem pergunta: você tem estado em contato com a sua alma? Se a resposta for negativa, você provavelmente está se sentindo desanimado, valendo-se disso para justificar uma série de maus hábitos em sua vida, certo? Nessas horas, caímos em pensamos como "Para que me arrumar se não quero ver ninguém?", "Para que sair de casa se estou triste?", "Para que ler algo novo ou me exercitar se ninguém se importa?" e em uma série de outras armadilhas da mente. Mas você já notou que, quando uma criança nasce, dizemos que a mãe "deu à luz"? Essa bela expressão pode nos ensinar uma lição ainda mais linda e útil em momentos difíceis.

Teste a sua memória. Quando você era criança, seus olhos costumavam brilhar com facilidade, não é? Quando jovens, gostamos de aprender coisas novas, nos encantamos com situações corriqueiras, nos animamos até com um simples passeio pelo bairro.

Onde foi parar tudo isso? Para onde foi essa abertura para o novo?

Não, não quero que você volte a ser criança. O que peço aqui é que dê espaço para uma brechinha de luz se acender, que dê uma chance para esse refúgio da alma atuar. Já reparou que, quando estamos em um quarto escuro, basta um fósforo para iluminar todo o ambiente? É disso que estou falando.

Vou compartilhar com você uma sabedoria bem bacana para encorajar a luz no seu interior a brilhar novamente.

O primeiro passo é entender que, para sair de uma situação desagradável, não devemos esperar ter vontade ou aguardar o momento certo: basta deixar o sol entrar. Você não precisa querer nem estar pronto para nada. O sol brilha por si só, basta permitir que ele chegue até você.

A tão falada "força de vontade", aliás, costuma ser superestimada. Precisamos apenas fazer o que deve ser feito e o que é bom para nós, mesmo sem vontade, mesmo sem forças. A autoestima pode vir até mesmo disso: de fazer o que é bom para nós, o que nos faz sentir bem.

Há pessoas que passam anos buscando autoestima para começar novos projetos, adiando infinitamente a própria felicidade por acreditarem que essa "solução divina" resolverá todos os problemas. O que essas pessoas nem sempre pensam é que, muitas vezes, o que chamamos de "autoestima" nada mais é do que a consequência de colocarmos em prática o que nos faz bem, de nos dedicarmos a tornar nossa vida mais diversa e saudável. Atitudes como essa fazem com que nos sintamos melhor, e o resultado desse bem-estar é a autoestima.

É simples, ainda que não seja fácil: quando você se estima, quando se trata com carinho e dignidade, quando pega a vida nas mãos e faz o que lhe agrega valor como pessoa e como profissional, sua autoestima se eleva.

Vamos pensar mais uma vez?

Se você se estimasse um pouco mais, como se vestiria para sair de casa?

Se você se tratasse com mais carinho, o que diria a si mesmo antes de praticar uma atividade física?

Se você conversasse consigo mesmo com mais afeto, o que diria para se convencer de que merece outra chance?

Se você assumisse um compromisso efetivo de se esforçar para se valorizar como pessoa, como seriam os seus próximos dias?

Quais decisões você tomaria? O que faria a mais? O que faria a menos? O que faria diferente?

Agora, o mais importante: o que você está esperando para começar, hoje, a viver como merece?

Lembre-se: a autoestima é o efeito de pequenas, mas sábias, decisões que nos fazem bem. Experimente ser mais gentil consigo. Em poucos dias, você pode se surpreender com a vida que o aguarda logo ali. ■

Tornar-se
é melhor
do que **ser**.

CAROL DWECK

16

As fases do pijama

Você já notou que, quando estamos sofrendo, costumamos recorrer a essa peça de roupa? O pijama parece vestir perfeitamente nosso "eu" interior nesses momentos: ele é confortável, não aperta, já está amoldado em nosso corpo e não exige nada de nós. É o uniforme dos momentos de luto, o traje ideal da melancolia.

De fato, não precisamos estar sempre impecáveis, trajados estrategicamente vinte e quatro horas por dia. É importante se dar um tempo, e há momentos em que é preciso adotar o "Tô nem aí", "Cansei", "O mundo que se exploda".

Permita-se. "Pijamize-se" pelo tempo de que precisar.

Existem algumas fases do universo "pijamístico", e, mesmo de dentro dele, podemos identificar em qual nos encontramos. Caso esteja nesse universo agora, experimente observar o quanto você já superou. Isso lhe dará um panorama da sua evolução.

Há a fase dos pijamas velhos, daqueles bem surrados mesmo, que muitas vezes já têm até uns furinhos. Geralmente, não temos nem coragem de mostrá-los.

Depois, vem a fase dos pijamas ultraconfortáveis. Eles podem até ser bonitos, mas o que importa aqui é o conforto: queremos nos embalar em uma roupa macia, de tecido arejado, que não nos aperta e permite longas horas no sofá ou na cama. Quando saímos do "modo trapo" para o ultraconfortável, avançamos, sim, uma casinha no jogo da vida, pois essa simples mudança já mostra que a ideia de nos apresentarmos com algo furado, velho ou feio começa a incomodar. No entanto, ainda não queremos gastar nossa preciosa energia de vida com vaidades. O que importa, aqui, é sentir-se bem consigo mesmo, fazer as pazes com seu "eu" interior.

A terceira fase é a dos pijamas bacanas, daqueles que nem parecem pijamas. Podemos usá-los para receber algum amigo mais íntimo, alguém com quem temos a liberdade de ser nós mesmos. E como é bom ter alguém que, ao nos ver abrir a porta de pijama, apenas sorri compreensivo, sem fazer aquela cara de "Nossa, você está um caco". Sim, muitas vezes estamos mesmo um caco, mas é o que temos para hoje.

Assim como na vida, as fases da "pijamização" tendem a se alternar.

O convite, aqui, é para que você observe que o modo como está se sentindo por dentro pode se revelar na forma como se mostra por fora. Geralmente, a dor nos deixa menos dispostos para a vaidade, e é preciso tirar um tempo para respeitar isso. No entanto, não podemos nos esquecer de cuidar do que temos de mais precioso nesses momentos: nossa autoestima.

Se tiver forças, energia e disposição, respeite suas lágrimas quando elas vierem. Deixe que molhem seu rosto. Mas procure não se perder nelas por mais tempo do que o necessário. Você saberá reconhecer a medida certa.

Este é um momento muito especial da sua vida.

Quando sentimos que perdemos tudo lá fora, ainda assim podemos preservar muito aqui dentro.

Quando nada nem ninguém parecem ter graça, ainda assim podemos sentir que nosso corpo tem valor, que merece carinho e conforto.

Quando nos sentimos desamparados pelo mundo, podemos encontrar amparo em nós mesmos. Se você se identificou com alguma fase da "pijamização", experimente vestir-se para si agora mesmo. Pode começar com um pijama bacana e divertido: o que importa é se sentir bem consigo. ∎

17

Não conte com a ajuda dos outros. Nem sempre eles podem, sabem ou querem ajudar

Quando crianças, somos completamente dependentes dos cuidados de terceiros, sejam eles nossos familiares, babás ou professores. Por isso, é natural que procuremos basear nossa personalidade e identidade na necessidade dessas relações que nos protegem, que nos trazem segurança física e emocional.

O bebê humano é um dos mais vulneráveis entre os mamíferos, já que, se deixado sozinho, não consegue sobreviver por muito tempo. Em busca de garantir nossa proteção durante essa fase, o cérebro age para nos manter sempre próximos aos mais fortes, sensibilizando-nos quanto às expressões faciais, corporais e emocionais uns dos outros. Isso explica, por exemplo, porque a empatia, a solidariedade e o companheirismo são tão valorizados na nossa sociedade.

Mas o que acontece quando as pessoas em quem mais confiamos não acreditam em nós? O que fazer quando aqueles com quem mais contávamos nos decepcionam e nos deixam na mão?

Tudo isso machuca, e muito. Sentimos a dor do abandono no coração e na alma.

Paralelamente ao sofrimento que os outros podem nos causar, há também o medo de machucar o próximo. Trata-se de um sentimento tão forte que muitos deixam de tomar decisões importantes, capazes de redefinir o rumo de suas vidas, por receio de decepcionar, de ferir ou de serem julgados por alguém.

De fato, nossa fisiologia nos impõe uma série de sentimentos de co-dependência, mas muitos se esquecem de que nem sempre precisamos atender a tais apelos da mente. Podemos, por exemplo, sentir fome logo após realizar uma refeição, mas isso não significa que precisamos repetir o prato. Da mesma forma, podemos sentir raiva ao presenciar uma injustiça, mas isso não significa que somos incapazes de nos acalmar antes de tomar uma atitude precipitada.

O que estou dizendo é que nem tudo que sentimos precisa ser ouvido. Muitas vezes, o que precisamos é dialogar internamente e nos posicionar com sabedoria diante das situações.

Imagine, por exemplo, uma criança que está prestes a atravessar a rua sozinha. O que você diria a ela? Provavelmente algo como "Calma!", "Espere!" ou "Não faça isso!", certo? Então, por que não dizer isso a si mesmo quando sentir que sua mente está agindo de forma irracional, seja fazendo você se precipitar, seja criando obstáculos que não necessariamente existem? Quem disse que tudo o que você pensa está certo ou é real?

A essa altura da vida, já sabemos que é possível mentir para nós mesmos, certo? Sabemos que muito do que sentimos hoje são apenas resquícios de traumas do passado.

Proponho, então, que você procure identificar e enumerar todos esses sentimentos, pensamentos e desejos que não combinam com quem você quer ser daqui para frente. Eles podem ter sido gerados há décadas, basta analisar um pouco do que é repetido por nossos antepassados. Quem nunca ouviu algo do tipo "Todas as mulheres dessa família se casam com homens infiéis", "Dinheiro não traz felicidade", "Não somos pessoas de sorte" e tantas outras afirmações que são tidas como verdades absolutas? Crenças assim modelam nossa mente e criam grandes ilusões condenatórias. Por isso, é preciso não ter medo de desafiá-las com novas ideias. Sempre que ouvir algo assim, repita a si mesmo: "Isso que estão dizendo não serve para mim". Combata esse diálogo interno negativo. Imponha-se diante desses pensamentos. Você é quem decide o que é verdade na sua vida.

É importante lembrar que o fato de as pessoas próximas nem sempre entenderem ou apoiarem nossas escolhas não significa que elas não nos amem ou respeitem. Muitas vezes, a intenção dos outros é ajudar, seja sugerindo algo que sempre funcionou para eles, seja nos incentivando a permanecer em nossa zona de conforto. O problema é que nem tudo que funciona para um vai necessariamente dar certo para o outro, e, às vezes, o que mais precisamos é nos arriscar.

Se ninguém na sua família prosperou nos negócios, não espere que seus familiares aplaudam seu desejo de investir naquele projeto que seu coração está pedindo há tempos. Se você é o primeiro da sua turma de amigos a se divorciar, não espere que seus amigos casados validem sua decisão. Tenha em mente que situações como essas evidenciam que existem diversas possibilidades na vida, que nada está garantido e que tudo pode mudar da noite para o dia, o que pode acabar ameaçando o *status quo* de quem está sempre em busca de estabilidade e segurança.

É, sim, muito doloroso enfrentar certos momentos sem o apoio de quem amamos, mas isso não é justificativa para insistir em algo que não lhe faz bem, que pode adoecê-lo ou paralisá-lo, por medo do que os outros vão pensar.

Os outros não estão dentro da sua cabeça.

Os outros nem sempre entendem pelo que você realmente está passando.

Os outros podem sentir um medo inconsciente de enxergar o que você está enxergando por não estarem preparados para questionar suas próprias vidas.

Os outros também podem se sentir humilhados por você ter coragem de fazer algo que eles ainda não conseguem, seja desafiar o sofrimento, se reinventar ou correr atrás dos próprios sonhos. Conhece o ditado que diz "É melhor um fim doloroso do que uma dor sem fim"? Pode ser que você saiba disso, mas talvez os outros ainda não.

Tenha calma e paciência com os demais, mas, antes de tudo, tenha amor e carinho por si mesmo. Reaprenda a andar com as próprias pernas e tome cuidado para não abafar seus sentimentos a ponto de não ver mais seu rosto no espelho.

Convido você a refletir se o preço de continuar fazendo parte dessa turma de "outros" é anular a si mesmo. Se adotar essa postura, pode ser que as lágrimas represadas se transformem numa dor ainda maior.

Pertencer a um grupo é muito cômodo e reconfortante, mas será que isso é mais valioso do que pertencer a si mesmo? Afinal, quem está vivendo a sua vida? ■

HISTÓRIA PARA INSPIRAR

Bia: Esses cinco quilos eu vou deixar

Lembro bem da sessão em que Bia entrou no consultório, apalpou o abdômen e, muito feliz e orgulhosa, disse:

– Já vou falando, hein? Esses quilinhos aqui, doutor, eu vou deixar. Quer saber? Eu não tô nem aí! Pode até ser que eu perca o marido, mas não perco minha sanidade nunca mais!

Casada com um grande executivo bastante exigente, beirando ao perfeccionismo, ela havia vivido boa parte de sua existência obcecada com sua magreza e sua forma física. Malhava religiosamente cinco vezes por semana. Perdeu a conta das vezes que almoçava e jantava alface e cenoura, que bebeu água e viveu de maçã nos momentos mais difíceis. Chegou a ter vários problemas próximos à anorexia e à bulimia. Tinha todo tipo de tensões que uma mulher tem quando se sente obrigada a agradar o marido a qualquer preço e a estar de acordo com os inalcançáveis padrões estéticos impostos pela sociedade.

Até que, numa consulta com seu ginecologista, ele lhe perguntou como era sua vida íntima, se ela sentia prazer e se estava bem com o marido. Ela respondeu:

– Ah, eu faço bem para ele, mas não sei se o que eu sinto é exatamente prazer.

Ele perguntou:

– Mas você sente prazer *com* ele?

– É, sim, é gostoso.

O médico insistiu:

– Mas você tem orgasmos? É satisfatória a relação sexual de vocês?

– Olha, isso nunca entrou na equação, doutor. Para mim, o que importa é que ele sinta orgulho de mim, se sinta feliz e tenha prazer comigo.

O médico, então, se sentou e a olhou com carinho, dizendo:

– Minha querida, a decisão do que você faz com seu corpo e de como você vive o seu casamento é sua. Isso eu não posso mudar. Mas eu tenho o dever ético de lhe lembrar que você tem direito a ter prazer, você merece ter essa satisfação com seu corpo e em suas relações. São direitos que a vida lhe deu. Poder ter prazer com o nosso corpo é uma maravilha. Seu corpo é um território que lhe pertence.

Bia, emocionada e com os olhos marejados, disse:

– Sabe, doutor, muitas vezes sinto que estou quase chegando lá, mas fico com medo de relaxar. E, quando vejo, já estou toda contraída, aí o orgasmo vai embora. É sempre assim. Ele vem, vem, vem... E, quando está perto, eu travo.

O médico explicou a ela que os mecanismos de prazer sexual tinham muito a ver com abrir mão do controle e relaxar.

Ela, então, disse:

– Mas e se seu relaxar e minha barriga soltar, e ele achar que eu estou gorda?

O médico, espantado, diz:

– Como assim? Você prende a respiração enquanto está tendo intimidade com seu marido?

– Claro, doutor! E se ele perceber que eu estou gorda?

Ele, então, ficou de pé, pediu que ela fizesse o mesmo, levou-a até o espelho e disse:

– Gorda onde?

Ela tocou sua barriga e disse:

– Aqui, olha isso!

Foi aí que ele percebeu que a questão era mais profunda. Recomendou que ela começasse um tratamento sério de psicoterapia, pois, ao que tudo indicava, ela estava com distúrbio de imagem corporal, vendo-se gorda quando, na verdade, estava talvez até magra demais.

Foi fazendo um trabalho profundo de autoconhecimento, de

revisão de suas crenças e seus valores, que ela percebeu que se colocava, para o marido, como um grande troféu nas mãos dele. Ao ser coisificada, permitia ser tratada assim, como um objeto que servia apenas para a satisfação dele. Ela não entrava na equação, era sujeito oculto da oração, não existia na relação.

Aos poucos, Bia foi revendo atitudes, hábitos e posturas. Tomou a decisão de não ser mais um mero brinquedo nas mãos do marido vaidoso. Um dia, durante uma festa, quando ela foi pegar um champanhe, o esposo disse:

– Mas isso engorda, não, meu amor?

Ela respondeu:

– E alegra também!

Foi ali que começou uma mudança interessante em sua postura. Ela decidiu que ia ter o corpo que a fizesse feliz. Lembrou-se da frase mágica do médico: "Seu corpo é um território que lhe pertence, e você tem todo direito de sentir prazer com ele".

Ganhou cinco quilos, estava mais saudável, mais bem-disposta. E começou a notar que aqueles cinco quilos tinham tanta alegria, tanta diversão e tanto prazer que, mesmo quando seu marido, eventualmente, fazia um comentário irônico ou negativo, dizendo:

– Mas isso aqui não vai te engordar?

Ela respondia:

– Esses cinco quilos são meus, este corpo pertence a mim. Se te interessa compartilhar, seja bem-vindo. Se não, a porta da rua é serventia da casa. Fique à vontade, pois eu não vou mais abrir mão da minha saúde para satisfazer a sua vaidade.

Com isso, ao recuperar o respeito que tinha por si, Bia também convidou o marido a mudar de atitude em relação a ela. Felizmente, ele caiu em si e percebeu que sua vaidade desmesurada estava matando sua esposa.

Bia começou, assim, uma nova fase de prazeres diante da vida: mais equilibrados, harmoniosos e sadios.

18

O poder do diálogo interno

Você já deve ter ouvido que as palavras têm poder, certo? Pois isso é bem verdade. Não é à toa que estamos sempre conversando sozinhos, repetindo mantras e orações. Marci Shimoff, autora de *Os sete passos para ficar de bem com a vida* (2008), afirma que formulamos cerca de sessenta mil pensamentos por dia. O que realmente impressiona, no entanto, é o fato de aproximadamente oitenta por cento deles serem negativos.

Já reparou que mesmo uma tarefa simples, como tomar banho, se organiza em diversas minietapas em nossa mente? Veja quantas coisas precisamos decidir: tomar banho agora ou depois? Pegar uma toalha limpa ou usar a que está no banheiro? Ligar ou não o rádio? Escovar os dentes antes, durante ou depois do banho? Deixar a água quente ou fria? Tomar um banho demorado ou mais rápido? Lavar ou não o cabelo? Usar este ou aquele sabonete? Usar condicionador ou não? Cantar ou ficar calado?

Ufa! Quanta coisa, não? Agora, imagine todos os pequenos processos mentais que envolvem tomar café da manhã, se vestir, ir para o trabalho, conversar com os colegas. Já deu para ter uma noção de que formulamos inúmeros diálogos internos diariamente, não é?

Esses processos mentais nos ajudam a organizar e a tornar nosso dia a dia mais fluido, agradável e simples. É daí que surgem nossos hábitos. Na maioria das vezes, porém, não percebemos que usamos mal nossa capacidade de pensar. Assim como um computador não funciona direito quando tem algum vírus, nosso cérebro também pode ter algum *bug*.

Masaru Emoto, cientista japonês que estuda o poder da mente humana, pesquisou esse tema profundamente. Munido de um microscópio poderoso, ele observou as mudanças provocadas nas moléculas de água quando expostas a palavras amorosas, agressivas ou ofensivas. Emoto percebeu que a energia daqueles sons influenciava o comportamento dos cristais contidos na água, os tais sais minerais. Sua conclusão foi surpreendente: até mesmo uma oração silenciosa era capaz de gerar uma mudança positiva nas moléculas, produzindo formatos simétricos semelhantes a pedras lapidadas.

Em outro estudo, Emoto pediu que seus alunos separassem arroz cozido em três potes, que deveriam ser mantidos fechados por um mês. Durante esse tempo, os alunos elogiariam um pote, xingariam outro e não fariam nada com o terceiro. Ao final do experimento, eles perceberam que o arroz dos potes elogiados se manteve conservado, ao passo que os que foram xingados emboloraram e apodreceram mais rapidamente em comparação aos potes que não receberam palavra alguma.

Agora, vamos pensar juntos. Se as palavras afetam as moléculas de água, e cerca de sessenta por cento do corpo humano é composto por essa substância, qual o poder das palavras sobre as nossas vidas?

Nossos diálogos internos permitem que formemos uma "neuro-ótica", ou seja, uma visão distorcida da realidade. Quando damos mais ênfase aos problemas e nos concentramos em achar culpados para algo que não deu certo, transformamos nossa vida em um fardo pesado. Por outro lado, quando usamos a lente da ótica transcendente, conseguimos ver as coisas e a nós mesmos por uma perspectiva mais ampla.

Podemos usar nosso cérebro para buscar saídas em vez de desculpas.

Podemos entender que nem sempre vamos acertar de primeira.

Podemos usar a mente para compreender os motivos dos outros antes de julgá-los.

Podemos ter autocompaixão, nos respeitar e aceitar nossas falhas com menos rancor.

Podemos focar menos em procurar culpados e mais em encontrar novos caminhos.

Podemos deixar o passado para trás e tirar dele apenas os aprendizados.

Podemos parar de nos diminuir.

Podemos nos tratar com mais carinho, respeito e consideração.

Podemos dizer coisas leves e gentis a nós mesmos.

Podemos nos dar essa chance.

A princípio, essas sugestões podem parecer apenas ideias, mas lembre-se de que elas movem pensamentos que são capazes de promover mudanças, sentimentos e comportamentos em nós.

Ainda não se convenceu? Então vamos pensar em um exemplo corriqueiro.

Imagine alguém que está nervoso com uma entrevista de emprego. Ao sair de casa, já com receio de não ser aprovado, seus únicos pensamentos são "Não vou conseguir", "Não vão gostar de mim", "Não sou qualificado o bastante". Após se inundar de negatividade, que energia você acha que essa pessoa transmitirá durante a entrevista? Como ela poderá responder às questões lançadas com criatividade e confiança? Qual mensagem ela passará para o entrevistador? No dia a dia, não somos capazes de perceber quando alguém está calmo, nervoso, ansioso ou irritado? Pois essa percepção vem da energia que sentimos emanar das pessoas.

Nossos pensamentos são produtos dos nossos diálogos internos. Ao tomar consciência desse fato, nosso principal desafio é não alimentar a negatividade.

Experimente trazer esse ensinamento para a sua vida. Mesmo que não consiga evitar tais pensamentos sempre, procure lembrar que ideias derrotistas não merecem ser ouvidas, principalmente em momentos difíceis. Cuidados, sim. Autossabotagem, não.

A dica é simples: trate a si mesmo como você trataria alguém de quem gosta muito. ■

A **esperança** é a poesia da dor, é a **promessa** eternamente suspensa diante dos olhos que choram e do coração que padece.

PAOLO MANTEGAZZA

O fator "A vida é bela"

Quando tomamos uma rasteira da vida, é normal nos chatearmos. O difícil é quando perdemos a esperança e deixamos nosso sofrimento se avolumar a ponto de impedir que uma nova luz ilumine nossas vidas.

Platão nos ensina que "Ver a luz por um instante é um convite para ver a luz sempre". Quando cansamos de sofrer, então, é chegada a hora de dar uma nova chance à luz.

Sabe aqueles dias em que até tentamos chorar, mas as lágrimas parecem ter secado? É aí que percebemos que já não aguentamos mais repetir as mesmas histórias, ouvir os mesmos lamentos, sofrer as mesmas perdas de novo e de novo. Nesses momentos, o humor pode ser de grande valia para a sua recuperação. Acredite: se rir dos problemas antes parecia algo ofensivo, um desrespeito à sua dor, agora, passado o pior, o riso pode ser seu aliado.

Em *A vida é bela* (1997), filme vencedor do Oscar ambientado durante a Segunda Guerra Mundial, vemos um ótimo exemplo da importância do humor em momentos difíceis. Na história, um pai judeu, para proteger o filho dos traumas da guerra, busca transformar a realidade devastadora dos campos de concentração nazistas em algo lúdico e leve. O filme, que poderia ter sido encarado como uma ofensa às vítimas do Holocausto, marcado como o maior genocídio da História, tornou-se um clássico, pois a crítica internacional entendeu seu recado: mesmo nos momentos mais dolorosos, o que sentimos e o que levamos conosco dependem da forma como encaramos a realidade.

O humor tem essa capacidade de nos distanciar da dureza dos acontecimentos para que possamos enxergá-los com outros olhos. Por meio do autoconhecimento, ele nos alivia a alma e permite certo descanso de nós mesmos. Afinal, ao rirmos uns com os outros, recuperamos parte da nossa humanidade, da nossa criança interior, daquele lado que vê as coisas com mais cor e sabor.

Hoje, podemos encontrar esse alívio cômico nas mais diversas mídias: no cinema, na literatura, nas histórias em quadrinhos e até na Internet, como no YouTube ou em *podcasts*. O humor tem mil facetas, formatos e possibilidades: basta achar o que combina com você e com o seu momento de vida.

Tenha em mente que se permitir sorrir um pouco não é um desrespeito à sua dor, mas sim uma forma de terapia. Isso é um gesto nobre consigo mesmo. Não significa que seu sofrimento não importa, pelo contrário. Ao adotar momentos de bom humor em seu cotidiano, você se dará uma chance de reformular suas ideias e renovar suas energias para seguir em frente com um olhar mais leve, agradável e feliz.

A ciência nos ensina que, quando estamos em um estado de humor elevado, tendemos a pensar melhor, a decidir com mais eficiência e a processar aprendizados com mais facilidade. Já ouviu que felicidade atrai felicidade? Essa é uma grande verdade, e assim cuidamos melhor da nossa saúde, da nossa carreira, dos nossos estudos e de tudo que importa em nossas vidas.

Permita-se um pouco de riso por dia. Pode ser por meio de um filminho engraçado aqui, de uma piada ali, de um sorriso leve ao ler um texto bacana ou ao presenciar uma situação engraçada no seu cotidiano. Essas pequenas doses de felicidade podem fazer verdadeiros milagres.

Aliás, existe milagre maior do que ver nosso coração se abrir de novo? Dê uma chance ao bom humor. Não há nada a perder, apenas uma vida a ganhar. ■

20

Pratique o silêncio algumas vezes por dia

Há momentos em que nos sentimos bem em contar com o apoio de outras pessoas, não é verdade? Desabafar, abrir o coração, expor nossos sentimentos, tudo isso pode nos trazer uma sensação de conforto e pertencimento, o que muitas vezes é tudo de que precisamos.

No entanto, as coisas nem sempre acontecem assim. Quantas vezes nos abrimos para alguém que não nos escuta como gostaríamos ou precisamos? Pois isso pode acontecer por diversos motivos.

Para começar, precisamos admitir que nem sempre conseguimos expressar claramente o que estamos sentindo, e isso leva nosso ouvinte a criar uma imagem distorcida do que se passa dentro de nós. Há também o fato de que os filtros mentais são individuais, o que explica, por exemplo, porque duas pessoas podem ter interpretações distintas sobre um mesmo filme ou livro. A verdade é que a chance de alguém ouvir o que você diz e entender exatamente o que você sente é mínima.

Há, ainda, os preconceitos, as crenças e os valores de cada um. Em maior ou menor grau, todos trazemos fatores como esses arraigados em nossa personalidade, e, quando conversamos com alguém muito diferente de nós, muitas vezes sentimos que não estamos sendo verdadeiramente compreendidos.

A primeira lição que podemos tirar disso é que, embora nosso maior desejo seja que alguém nos resgate do buraco em que nos colocamos, cabe apenas a nós fazer isso. Reconhecer isso é doloroso, é verdade, mas assim é a humanidade: somos todos diferentes uns dos outros. No fundo, ninguém jamais entenderá com precisão o que sentimos: o outro não está dentro de nós, não viveu nossas experiências, nem sentiu o que elas provocaram em nós. Um dos maiores fardos do ser humano é a solidão, por isso valorizamos tanto os preciosos – e raros – momentos em que sentimos que o outro realmente está aqui para nos acolher.

Como segundo aprendizado, podemos repensar o que de fato buscamos quando nos abrimos para alguém. Pergunte a si mesmo se o ouvinte em questão sabe lidar com as próprias dores, se é acolhedor, gentil e bem-resolvido em relação ao assunto que você pretende abordar. Ao nos fazermos esses questionamentos, alinhamos nossas expectativas e conseguimos decidir, com mais clareza, se devemos ou não falar com esta ou aquela pessoa, se devemos buscar ajuda de um amigo ou de um profissional. Esse discernimento é valioso e pode evitar conversas desagradáveis e desafetos em sua vida.

E como tudo tem dois lados, ao mesmo tempo que falar, escrever ou debater alguns assuntos é importante, saber a hora de se recolher também é fundamental. O silêncio pode ser um grande alívio: ao nos recolhermos, nem que seja apenas por um dia, resgatamos o contato com o nosso "eu" interior. Ao entender que nossas rotinas e relacionamentos podem nos tirar dos eixos, percebemos que dar a volta por cima, muitas vezes, passa por compreender o que existe dentro de nós, seja para perceber as feridas abertas e descobrir como curá-las, seja para identificar sonhos abandonados que merecem ser revisitados.

O silêncio também permite que guardemos nossa energia, já escassa, para o que realmente importa. Nas horas difíceis, pode ser um grande alívio não se expor demais, não ter que dar explicações, não entrar em contato com o que nos traz tristeza. Assim, guardamos nossa energia para viver a vida como achamos que ela deve ser vivida. É como uma pausa, consciente e planejada, que damos a nós mesmos.

Não tenha medo de sair de cena para se dedicar a si mesmo. Isso pode doer, sim, mas é gratificante perceber que essa é a dor de verdade, a testemunha de que você existe e construiu algo de valor – caso contrário, você não estaria sofrendo neste momento.

O sofrimento só existe porque algo ou alguém importante deixou uma marca em nossas vidas. Ignorar essa dor é desprezar nossa história, nossas experiências. Não precisamos nos apressar em colocar as coisas no lugar, pois o novo sempre chega para preencher os vazios. Aquela pessoa, aqueles sentimentos e aqueles sonhos que se perderam deixam lacunas reais. Mas aqui vai uma boa notícia: da mesma forma que você, lá no passado, sequer imaginou viver, ter ou sentir o que ou quem lhe faz falta agora, o futuro está repleto de novas experiências que você também nem imagina.

O futuro não é algo concreto, não é um destino predefinido para o qual nos dirigimos sem vacilar. Ele é construído dia após dia, a partir das escolhas que fazemos a cada minuto, das menores às maiores.

Paulo Freire, um dos maiores educadores do nosso país, disse sabiamente: "Sei que não posso continuar sendo humano se eu faço desaparecer de mim a esperança". Há, aí, um aprendizado essencial para o momento que você está vivendo: já que o futuro não está dado, que ainda não aconteceu e que parte dele depende apenas das suas ações, em vez de gastar sua preciosa energia com pensamentos, sentimentos ou atitudes que o jogam para baixo, abra-se para o que há de melhor, deseje o melhor e espere pelo melhor. Faça o que estiver ao seu alcance para atrair luz, serenidade, saúde e pequenas alegrias para a sua vida.

Às vezes, tudo de que você precisa é se dar uma pausa por um dia, se recolher e se preparar para receber as boas surpresas que o destino reservou para a sua vida. Você perceberá, então, que o vazio de hoje não é apenas dor, mas também possibilidade. ■

HISTÓRIA PARA INSPIRAR

Paulo: Venci o vício quando eu decidi

Paulo era um daqueles garotos chamados de "espoleta" quando criança. Não parava quieto na carteira, bagunçava as salas de aula e confrontava as autoridades na escola. Não lhe faltavam apelidos, rótulos, nomes e diagnósticos. Frequentou uma infinidade de psicólogos e psiquiatras, que lhe receitavam os mais diferentes tratamentos: para transtorno desafiador opositivo, transtorno de déficit de atenção, hiperatividade, distração, apatia, molecagem, falta de vontade, imaturidade...

Nasceu e cresceu envolto em nomes de doenças, de medicamentos e dos mais diversos tratamentos. Sabendo disso, fica mais fácil entender por que ele sentia dificuldade de travar amizades, de ter confiança, de se aproximar das garotas... E, mesmo por que, até sua família, com o passar do tempo, começou a desistir de tentar ajudá-lo.

Em sua turma de *skate* na praça próxima à sua casa, os garotos mais velhos começaram a perceber que ele seria uma presa fácil, que conseguiriam, sem muito esforço, vender para ele aquelas substâncias que prometem trazer felicidade, calma e tranquilidade. Tudo começou como muitas vezes começa: só um baseadinho aqui, uma bebidinha ali, uma tragadinha acolá... E logo Paulo estava afundando em drogas, em hábitos pesados, e até perigosos, que o metiam nas maiores confusões. Mas nada de muito novo; afinal, sua vida adulta estava transcorrendo como boa parte de sua infância: cheia de problemas, drogas e dificuldades.

Após uma decepção amorosa com uma garota do bairro, passou a beber ainda mais e a fumar sem parar, diariamente, várias vezes ao dia. Até que seus pais, que tinham chegado ao seu limite, o internaram em uma clínica. Foi aí que começou um doloroso processo de idas e vindas. E a cada vez que ele era internado, o tipo de droga ia se tornando mais pesado. Começou com maconha, depois MDMA (êxtase), depois usos eventuais de cocaína, aumentando as doses e a frequência. E, se havia uma constante nesse vai e vem, era que ele sempre fugia e parava o tratamento no meio.

Foram oito internações em quatro anos, uma fortuna incalculável de dinheiro da família, dores e tristezas. Então, quando os pais já se mostravam extenuados, exauridos de dinheiro e de energia, além de esperança, algo diferente aconteceu. Seu pai o olhou nos olhos, bateu na mesa e falou:

– Eu não aguento mais! Eu realmente não tenho mais o que fazer com você. E tomei uma decisão. Você é meu filho e vou sempre te amar, mas não vou mais castigar a sua mãe, a mim e aos seus irmãos dando a você todo o carinho, toda a atenção e todo o dinheiro sem receber absolutamente nada em troca. Sua mãe e eu sempre acreditamos no amor incondicional, mas isso não se sustenta. Nós também precisamos e merecemos ser amados. Daqui para a frente, se você tiver uma nova recaída, será por sua conta. Vai nos doer demais! Eu, sua mãe e seus dois irmãos somos quatro vidas que merecem ser preservadas, e não devastadas pelas suas escolhas. Eu lhe ofereço médicos, tratamentos, psicólogos e o nosso amor, mas, se nada disso for suficiente, eu vou fazer as pazes com a vida e com Deus e aceitar que agora é com você, meu filho. Você assumirá as consequências das suas decisões por conta própria.

Ouvir isso lhe tocou a alma, e, dessa vez, de uma maneira diferente. Só isso foi capaz de fazê-lo enxergar que o mal que ele causava a si mesmo gerava também consequência dolorosas naqueles que ele mais amava.

Então, sozinho, voltou à clínica de onde tantas vezes havia fugido e propôs à administração que pagaria seu próximo tratamento com trabalho. Ele disse que gostaria de ficar zerado e limpo, e prometeu que trabalharia duro, o quanto fosse necessário, para pagar o custo de sua internação. Disse também que ele poderia ser um grande caso de sucesso para a clínica e que daria tudo de si para estimular outros como ele a perceber que a cura não começa com remédios, médicos ou tratamentos. Ela começa com a decisão, dentro de nós, de dar amor.

Afinal de contas, a porta de entrada para muitos vícios é a sensação de desconexão e falta de amor. E a porta de saída pode ser, sim, começar a dar amor, carinho, atenção, voz, vez e valor a quem está perto de nós. Pois essas pessoas, muitas vezes, precisam apenas, desesperadamente, que estejamos bem ao lado delas.

21

Chega de desculpas

É tentadora a ideia de analisar todas as possibilidades de um fato, tentando negociar com a realidade para colocar culpas e desculpas em algo que já aconteceu. É humano, comum, natural. Quem nunca fez isso?

Quando nos vemos nessa situação, questionamos "Por que fui acreditar naquilo?", "Por que me deixei levar daquela maneira?", "Isso aconteceu para me punir?", e nos sentimos a pior pessoa do mundo. Nos prendemos a autoacusações que, além de minarem nossa autoestima, levam a julgamentos que tendem a ser míopes.

Antes de cair nessa traiçoeira estratégia mental, reflita por um momento. Acreditar em algo ou alguém e se dar mal não faz de você bobo ou ingênuo. Pelo contrário, isso mostra que você é uma pessoa digna, que fala a verdade e que acredita na sinceridade dos outros. Então, em vez de se diminuir, que tal tentar ser mais cuidadoso na próxima oportunidade? Ao se dar outra chance no futuro, você se permite o autoperdão para seguir em frente sem culpa.

É por isso que nunca devemos julgar alguém completamente. Quando enfrentamos perdas ou nos sentimos falhos, incapazes, passados para trás, percebemos que todos sabemos algumas coisas, mas não entendemos muitas outras. Antes de se culpar, então, lembre-se de que, de dor, já basta a que você está sentindo, e se colocar em uma posição inferior não adiantará nada. Percebe como é injusto que você se julgue dessa maneira? Está tudo bem não saber algumas coisas, não ter agido da forma como você gostaria em um dado momento da vida ou não ter dito algo que queria. Isso não faz de você alguém imprestável, e sim humano.

Uma das piores punições que podemos nos dar é pensar que, por termos agido mal, a vida nos mandou um castigo sob medida. Trata-se de um pensamento místico bem sofisticado, é verdade, mas é falho. Afinal, quem seria perfeito o bastante para fazer parte desse "conselho de seres superiores" que determina a vida para decidir puni-lo? Quais critérios sustentariam isso? Não existe ninguém perfeito. Todos cometemos erros.

Em seu livro *Perdas necessárias* (1986), a escritora e psicanalista Judith Viorst nos oferece um caminho muito melhor do que a culpa. Ela ensina que, para nos tornarmos verdadeiramente maduros, precisamos enxergar a vida sob uma ótica diferente dessa que mencionei acima. Aceitar as perdas, inerentes à vida, nos permite enxergar os acontecimentos com serenidade, livres da raiva paralisante e da melancolia que nos isola emocionalmente.

Perdemos o abrigo perfeito quando deixamos o ventre de nossas mães, mas ganhamos a possibilidade de explorar a vida e de aprender com ela. De aceitar que o que acontece conosco nem sempre é compreensível, justo ou coerente. De entender que nem sempre recebemos na mesma medida que oferecemos, e que tudo isso dói. E muito. Mas, quando aceitamos que a vida não gira em torno das nossas expectativas e dos nossos desejos, adquirimos algo de valor imensurável: a vontade de sempre dar o nosso melhor, pois nada nem ninguém dura para sempre.

A vida é frágil, delicada, e por isso é sábio aproveitar cada pequeno momento de leveza e de alegria, cada momento em que podemos comer algo gostoso ou receber um abraço caloroso. Porque tudo isso passa, mas passam, também, as lágrimas, as dores, os sofrimentos. Com serenidade, o que perdemos em falsas certezas, ganhamos em intensidade e verdade. ■

22

Os mimadinhos sofrem mais

Não há nada mais comum, hoje, do que vermos pais e mães publicando uma enxurrada de fotos dos filhos nas redes sociais, não é verdade? Com o objetivo de ressaltar alguma qualidade individual da criança, muitas vezes as imagens vêm acompanhadas de legendas como "Olha quem já aprendeu a comer sozinho", "Já viram bochechas mais fofas do que essas?", "Veja quem tirou nota dez na prova", "Meu filho fazendo embaixadinha", "Minha filha tem a letra mais linda da sala", entre muitos outros exemplos.

Cada vez mais, crianças e adolescentes se tornam o totem narcísico de suas famílias. Mais especificamente nas últimas décadas, esse fenômeno aumentou disparadamente, trazendo, como consequência, necessidades no mínimo questionáveis, como chás de revelação, chás de bebê, a febre das festas de "mêsversário", ensaios fotográficos das mães grávidas e dos bebês nos mais diversos estilos, etc. A grande questão por trás dessas práticas, porém, é que elas são capazes de gerar um forte deslocamento do "eu", já que muitos pais, em vez de olharem para os filhos como indivíduos, de procurarem ensiná-los valores consistentes, de investirem em seu futuro acadêmico, profissional, em suas amizades, em sua espiritualidade, ou mesmo de buscarem relações familiares realmente gratificantes, preferem apostar em fazer os filhos "felizes" a todo custo.

Essa série de fatores acaba por culminar em outro fenômeno que explorei em meu livro *A síndrome do imperador* (2019): acostumados a

SUPERAÇÃO E EQUILÍBRIO EMOCIONAL **105**

ter todas as suas vontades atendidas, os "príncipes" e as "princesas", como muitas vezes são chamados pelos próprios familiares, não conseguem esperar por algo que desejam, não sabem lidar com a frustração, não suportam dividir seus pertences, seu tempo ou seu dinheiro. Então, ao se depararem com adversidades comuns da idade – uma nota abaixo da média, a não aprovação em um vestibular, o fim de um relacionamento –, ou mesmo diante de situações cotidianas – arrumar o quarto, ajudar nos afazeres domésticos, refazer uma tarefa escolar –, esses "imperadores" e "imperatrizes" mirins acabam se revoltando.

Chamamos de "imperadores" aqueles que se enfurecem diante do outro ou da vida, adotando uma série de posturas e atitudes que, na prática, vão na contramão do verdadeiro empoderamento. Por não terem suas vontades questionadas, os imperadores geralmente demoram mais a amadurecer, são mais intolerantes com os demais, têm dificuldade para lidar com as falhas alheias e com as próprias, se irritam com facilidade e podem até sentir um certo fastio por saberem que seus pais, mães e familiares buscam agradá-los o tempo todo, fazendo com que nada seja o suficiente.

Ironicamente, esse modo de viver a vida pode acabar gerando grandes inseguranças: por não saberem lidar com as falhas, muitas crianças e adolescentes desistem sem sequer tentar, deixando de estudar, de se envolver em atividades que fogem à zona de conforto ou mesmo de cumprir com obrigações familiares. Com o passar do tempo, a noção de realidade desses jovens se torna ainda mais distorcida, já que tudo o que fazem vira uma foto na geladeira, um *post* nas redes sociais ou uma grande conquista a ser celebrada. Então, quando precisam fazer algo sozinhos, acabam sendo eximidos de responsabilidades, já que seus pais preferem colocá-los em uma redoma de cristal, culpando professores, vizinhos e colegas pelos erros dos filhos.

Todos esses fatores colaboram para que os "imperadores" se tornem pessoas egoístas, que têm "o rei na barriga", que acreditam que não devem nada ao mundo, e sim que o mundo está sempre em débito com eles. Nas relações adultas, seja como alunos, amigos ou parceiros, tendem a se sentir inadequados, reféns de uma incapacidade geral de lidar com a vida e suas constantes frustrações. Trata-se, em sua maioria, de pessoas instáveis que se apoiam em impulsos – "faço o que eu quero, na hora que eu quero, se eu quiser" –, o que acaba por gerar uma postura de imperatividade constante diante da vida.

É preciso lembrar que há momentos em que não temos muito o que fazer. Naquelas horas em que outras crianças não querem mais brincar com sua filha, em que o filho não foi escalado para o time de futebol, em que o vestibular se aproxima, e as matérias escolares se tornam mais complexas, ou mesmo durante a universidade, quando o jovem precisa buscar por trabalho, firmar suas amizades, seu grupo, perseverar, insistir, desenvolver a autonomia e a capacidade de seguir adiante de forma independente, fora de um ambiente conhecido, não é incomum que seu filho ou filha se revoltem, se machuquem ou adotem maus hábitos de saúde, chegando, às vezes, a recorrer ao álcool e a outras drogas, a ser extremamente agressivo com os outros ou a se encontrar em um estado depressivo.

Em ***A síndrome do imperador***, discuto essas questões de forma aprofundada e contundente, chegando à conclusão de que os mimadinhos sofrem mais. Isso porque, em partes, são criados por pais e mães que acreditam que os filhos são uns pobres coitados, incapazes de resolver qualquer coisa sozinhos, que precisam de mimos constantes. Esses pais e mães, muitas vezes inundados de vaidades, não suportam ver o sofrimento dos filhos e fazem de tudo para evitar que experimentem qualquer tipo de frustração. Como já vimos, no entanto, as decepções fazem parte da vida, e blindar os filhos dessas experiências é destituí-los de autonomia e de empoderamento para lidar com as adversidades, o que pode ser devastador no futuro.

bit.ly/
382kYH8

Em vez de pensar que a vida nos deve algo, então, podemos procurar entender que nossos pais e mães fizeram tudo que estava ao seu alcance para nos preparar para a vida adulta, nos ensinando o que acreditavam ser valioso para a nossa criação.

A boa notícia é que nem tudo está perdido, pois um filho criado como imperador pode, sim, passar por uma transformação de valores. Caso você tenha um imperador em casa, procure repensar seu modelo de educação e, se preciso, procure leituras ou orientação psicológica para se empoderar, a fim de conseguir ter voz, vez e valor em seu papel. Dessa forma ficará mais fácil ensinar seu filho a tratar a si mesmo e aos outros com gentileza, a buscar sozinho as respostas para seus problemas ou dilemas e a assumir a responsabilidade pelas próprias ações. Ao mudar sua postura, você contribuirá para que seu filho assuma as rédeas da própria vida, abandonando o "modo imperioso" ao qual estava acostumado.

Caso você esteja do outro lado da moeda – ou seja, se teve uma educação baseada nesse modelo –, compreenda seus pais, entenda que a intenção deles era oferecer a você aquilo que julgavam valioso para a sua criação. Em vez de pensar que a vida lhe deve algo, então, pratique ver as coisas sob novas perspectivas, avaliando as consequências de suas escolhas e se responsabilizando por elas. Por mais difícil que essa mudança de atitude possa ser no início, você verá que se tornar o comandante do seu próprio destino, com independência e autonomia, não tem preço.

É disso que se trata a maturidade: entender que o que podemos controlar é a forma como nos portamos diante de nós mesmos, dos outros e da vida. ■

A **alegria** está na **luta**, na **tentativa**, no sofrimento envolvido, não na vitória propriamente dita.

MAHATMA GANDHI

O sentido da vida

Quem nunca se perguntou qual é o sentido da vida? Especialmente quando estamos tristes, sofrendo uma perda ou um impedimento, podemos nos indagar: "Qual o sentido disso?", "O que fazer nessa situação?", "O que fazer com a minha vida?". Como esses são questionamentos essenciais que nos fazemos ao longo da nossa existência, devemos buscar a resposta dentro de nós mesmos.

É a partir dessa pergunta que começamos a construir nosso verdadeiro projeto de vida. Quando falamos em "projeto", estamos nos referindo às ideias, às crenças e aos valores que buscamos cultivar ao longo da nossa jornada. Um projeto de vida pode se referir a uma série de áreas: pessoal, profissional, social, acadêmica, espiritual, financeira e muitas outras. Sua importância vem do fato de que, ao elaborá-lo voltamos o olhar para dentro de nós, definindo os objetivos que desejamos alcançar e avaliando os recursos disponíveis para tal.

Um projeto de vida funciona como um guia. Conforme mudamos e evoluímos, podemos também reformulá-lo, buscando formas mais eficazes de organizar nosso dia a dia, incluindo novos desafios ou buscando novas ferramentas para concluir os propósitos que ainda não alcançamos.

Mesmo nos planejando, porém, é possível que, em algum momento, nos deparemos com um vazio existencial, uma angústia ou uma falta. O que falta? Quem falta? Ou somos nós que não estamos sabendo desfrutar do que somos, do que temos nas mãos? O sentido da vida, muitas vezes, é retomado com tais reflexões que permitem ressignificar nosso olhar diante de nós mesmos e dos outros. Nessas horas, é fundamental nos questionarmos novamente sobre o sentido da vida.

Vamos mergulhar mais a fundo nessa questão?

O sentido da vida pode ser percebido ao observarmos o modo como acordamos (como saímos da cama, nos vestimos, nos alimentamos e iniciamos nosso dia); o modo como nos dirigimos ao nosso trabalho (como definimos nossas rotinas, nossas refeições e nosso expediente); e o modo como chegamos em casa (como relaxamos e nos sentimos quando vamos dormir).

Avalie esses aspectos e responda: você se sente pesado ou exausto na maior parte do dia? Caso sua resposta seja positiva, este pode ser um bom momento para se perguntar o que lhe falta, o que sua alma está pedindo, o que ou quem você gostaria de ter consigo agora e o que pode ser descartado. Ter coragem e humildade para refletir sobre esses aspectos nos dá a chance de perceber o que nos falta e, assim, encontrar uma forma de lidar com isso.

Não tenha medo desse momento. É normal se sentir confuso, assustado, triste ou sozinho, mas acredite: encarar essa dor com serenidade e respeito é fundamental para encontrar aquilo que você precisa, para se preencher e completar sua existência.

Com o passar dos anos, você pode se dar conta de que alguns planos que elaborou já não fazem mais sentido ou simplesmente não funcionam mais. Na medida em que evoluímos, amadurecemos e nos conhecemos melhor, podemos renascer e sentir que algumas escolhas já não refletem mais a nossa verdade. É um momento angustiante, mas essa angústia é o chamado da vida para algo maior.

Você pode preferir fazer tais reflexões sozinho ou pedir ajuda aos seus familiares, amigos, procurar um psicólogo ou mesmo um líder espiritual. Tire um momento para refletir e entender o que você realmente está sentindo, como está sua vida. Muitas vezes, o sofrimento é o novo querendo entrar, a dor do passado – que já não serve – anunciando o futuro que está por vir. Se você olhar o sol diretamente, pode se sentir ofuscado. Se abrir a porta do quarto de repente, logo ao acordar, pode sentir o mesmo efeito. Às vezes, abrir-se à sua nova vida também pode gerar esse efeito: o assombro, a dor, o estranhamento.

Grande parte do desespero, do desamparo, do desânimo e do desalento que sentimos vem do fato de que estamos sempre ressignificando nossa vida e aquilo que nos cerca. Por isso, abrir nosso coração e investigar a fundo nossos pensamentos e sentimentos é essencial para descobrir como podemos nos ajustar ao novo que se anuncia em nós. Lidar com essas mudanças nem sempre é fácil, é verdade. Fora da nossa zona de conforto, nos sentimos desprotegidos.

Depois de passarmos por esse processo de olharmos para nós mesmos, procurar alguém com quem possamos nos abrir de verdade torna-se uma atitude de sabedoria.

Muitas vezes, nessa etapa da vida, passamos por rompimentos. Mas nem sempre é preciso um afastamento físico. Na verdade, rompemos com nosso jeito antigo de lidar com algumas pessoas, mudamos hábitos, mudamos de casa e mudamos nosso jeito de nos colocarmos no mundo.

O sentido da vida vem da direção que damos a ela, do modo de viver que lapidamos individualmente. Que tipo de pessoa estou me tornando? É esse o tipo de mãe ou pai que sonhei ser? Essa é a vida que eu queria para mim? Meu dia a dia é gratificante? Me sinto feliz com o que fiz de mim? Se o meu "eu" da infância me olhasse agora, o que sentiria? Às vezes, nos damos conta de que, com o passar do tempo, não estamos nos tornando adultos, e sim adulterados. Isso não é justo.

É preciso força para encarar o que a vida provoca em nós, o que nos é essencial e qual direção queremos dar aos nossos sonhos. Precisa de um empurrãozinho para criar coragem? Lembre-se que, por trás da dor, pode existir luz. A sua luz querendo entrar de novo. ■

HISTÓRIA PARA INSPIRAR

Renato: Vão-se os cabelos, mas a cabeça fica

Renato era conhecido por ser bastante vaidoso. Até deram a ele o apelido de Sansão, pois tinha uma juba de cabelos sedosos, castanho-claros, que fazia inveja até nas garotas da escola. Ele era popular com as meninas, que gostavam de mexer nos seus cabelos. E ele se esbaldava. Gostava de se gabar usando os mais diferentes acessórios para praticar esportes, ir a festas ou à praia. Além disso, era um jovem muito feliz, saudável e cheio de vida.

Aos 25 anos de idade, porém, por essas reviravoltas da vida que nunca conseguimos entender, ele foi diagnosticado com um tipo raro de câncer. De repente, sua vida universitária, de estagiário, logo em seus primeiros anos como adulto, virou de pernas para o ar.

Renato teve que começar tratamentos intensos de quimioterapia. Ficou abatido, já não era mais o jovem feliz de antes. E, então, aquilo que antes fora o símbolo de sua vaidade precisou ser retirado. A doença tirou o que ele tinha de mais precioso. Foi um momento de se olhar no espelho e perceber que sua vitalidade, sua juventude e sua força estavam lhe escapando. A dor de perder os cabelos era até mais intensa do que o medo da morte, pois, para ele, as coisas equivaliam. "Ora, se eu vou ficar feio e sem graça, do que adianta ficar vivo?", chegou a pensar.

Felizmente, porém, uma médica muito especial veio conversar com ele nesse dia. Ele chorou por horas. Ela apenas tentou entender, o acolheu e ficou ali. Aquela não foi uma consulta comum. A doutora não estava preocupada em receitar logo um remédio ou em consolar o rapaz; ela o tratou de uma maneira diferente. Deu nele um abraço e lhe disse algo que mudou tudo:

– Meu querido, vão-se os cabelos, mas a cabeça fica.

Ele, então, olhou para ela e, com os olhos cheios de lágrimas, perguntou:

– Mas do que adianta?

– De onde nascerão os novos cabelos, se não da sua cabeça?

– Mas eles vão nascer de novo? – ele perguntou, chorando.

– Depende muito de você, meu jovem. Hoje se sabe que muito da reabilitação de doenças severas depende de uma tomada de decisão, do quanto realmente queremos viver. As nossas células têm uma espécie de ouvido, elas "escutam" quando uma pessoa quer vive. Assim, quando há uma decisão de dar a volta por cima, nosso corpo acaba produzindo, em maior quantidade, os anticorpos de que precisamos.

Ele entendeu, mas ainda não estava convencido. Mesmo assim, se sentiu tão cuidado, tão notado e tão amparado que saiu daquela consulta pensando sobre aquilo. Chegando em casa, não conseguiu se olhar no espelho do elevador. Comprou logo um boné e ficou assim, encoberto, por dias e dias.

Na sessão seguinte de quimioterapia, voltando ao hospital, assim que a médica o avistou, notou que Renato se escondia atrás de um boné e, por cima dele, ainda tinha o capuz de seu moletom. Ela se aproximou e perguntou:

– Cadê sua cabeça? Como ela está?

Ele passou a mão na careca e falou:

– Está assim, né?

E ela, amorosamente, perguntou de novo:

– Como está a sua cabeça? Eu não estou perguntando onde estão seus cabelos, aqueles já se foram. Eu estou perguntando como está a sua cabeça. Você decidiu?

– Decidi o quê?

– Na semana passada, eu disse que você precisava tomar uma decisão: escolher se você tinha mais medo de morrer ou mais vontade de viver. A hora em que você decidir isso, seus cabelos renascerão, ou poderão renascer, pois sua cura será muito favorecida.

– Você promete? Você tem certeza?

Ela então, fiel à Ética de Hipócrates, juramento máximo dos médicos, disse, segurando as mãos de Renato e olhando firme em seus olhos:

– Não, meu jovem, eu não tenho garantias nem certezas. Ninguém tem. O que sei é que darei o meu máximo. Mas, sozinha, eu não consigo fazer seus cabelos voltarem nem ajudá-lo a se curar. Eu preciso de você. Se você se unir a mim, seremos dois contra a sua dor. Mas, se você se unir ela, poucas chances eu terei.

O rapaz deu um abraço na médica, cheio de gratidão. E ela se tornou sua grande parceira. Todas as vezes que ia ao hospital e a encontrava, ele sabia que estava se fortalecendo, na maior batalha em que já havia lutado, não contra o câncer, mas a favor de sua vida. Foram longos e dolorosos meses de tratamento, mas a certeza de que ele tinha alguém com quem contar e que seriam sempre dois contra um o ajudou a superar as dificuldades. E cresceram não só os cabelos de Renato, mas também a luz de sua alma para uma nova vida.

24

Não importa (tanto) o que você quer da vida, e sim o que a vida quer de você

Muitas vezes, quando encontramos dificuldades, tendemos a não encontrar caminhos, e não raro pensamos em desistir. Mas não precisa ser assim. Você não precisa se abandonar. No lugar de se deformar, que tal se reformar? Em muitos casos, a condição não precisa ser considerada uma condenação.

Se um míope, por exemplo, tiver as lentes de seus óculos riscadas ou sujas, ele verá a realidade de maneira diferente de alguém cujas lentes estão límpidas e cristalinas. A importância de limpar nosso olhar e reconquistar nosso brilho interior é tema constante entre filósofos, psicólogos, escritores e até artistas, pois é esse brilho que nos permite enxergar a luz, que, aliás, não está no fim do túnel, mas sim dentro de nós: é a partir dela que conseguimos iluminar nosso futuro e perceber que não existe apenas uma saída, e sim muitos caminhos.

Eu convido você, então, a fazer uma troca: em vez de "pirar", é hora de se "ins"pirar. Em vez de remoer todos os problemas, as dificuldades, as incertezas e as situações em que errou, você buscará se lembrar daquilo que conseguiu resolver, das vezes em que acertou e das situações em que contornou seus obstáculos. Agora, pare sua leitura por dois minutos e busque isso em sua memória. Se dê de presente este momento. Volte a ler daqui a pouco. Assim, ficará mais fácil perceber que você tem diversas habilidades. Em vez de se colocar em uma posição de passividade, então, você poderá se inspirar ao perceber que já tem ou que ainda pode construir diversas aptidões. Da mesma forma, caso ainda lhe faltem ferramentas para lidar com determinadas situações, saiba que você pode se tornar capaz de desenvolver o que for preciso para dar a volta por cima. O jogo só termina quando você decide.

Quando somos visitados pela angústia existencial, a melhor forma de desenvolver novos pontos de vista e novas competências é nos perguntando: "O que posso aprender?", "O que ainda posso melhorar em mim?", "Qual o sentido do que estou vivendo para a pessoa que sou hoje?". Olhar para tudo isso exige certo esforço, é verdade, mas tem horas que, diante das angústias, é preciso refletir. Afinal, ou você paga o preço ou paga o preço. Não há muitas alternativas aqui.

No lugar dessa neuro-ótica – ou seja, da ótica voltada para a neurose, para a dor, para a autoexclusão e para a autodepreciação –, proponho que você busque enxergar a vida sob uma perspectiva cristalina, que encare de frente suas dificuldades e desafios, sempre procurando perceber qual a melhor postura, a melhor visão e o melhor caminho para cada situação. Essa mudança de postura faz com que evoluamos de passageiros a pilotos da nossa vida, pois passamos a entender que as dificuldades e as dúvidas não podem nos incapacitar.

Quer um exemplo? Imagine que um alpinista esteja se aventurando numa escalada. No trecho mais difícil, com a corda já no fim, ele é atingido por uma ventania e vê um animal selvagem se aproximando. As dificuldades são diversas, mas o alpinista não tem tempo para pensar se vai ou não sobreviver. Nesse momento, tudo de que precisa é se lembrar daquilo que aprendeu, da sua experiência. Ele deve se concentrar e replanejar sua rota, analisando, de maneira racional e ágil, a melhor forma de superar a situação para continuar sua escalada.

Quando estamos no fundo do poço, somos como um alpinista em perigo. O medo do fracasso nos faz duvidar se valemos a pena, se somos capazes de vencer as adversidades e se merecemos continuar vivendo, o que desgasta nossa energia vital e intoxica nossa alma. Assim como o alpinista da história, nossa maior missão é compreender que mil dificuldades não valem uma incerteza.

Não há dúvidas de que você merece viver, de que é capaz de superar obstáculos e de que há, sim, diversas possibilidades esperando por você. Para se libertar dessas ideias limitantes que tanto nos paralisam, é preciso aceitar que a vida é inconstante, feita de altos e baixos, e que damos sempre o nosso melhor dentro do que nos é possível. Então, em vez de buscar o perfeccionismo escondido no "melhor possível", aceite a vida como ela é, abrace o "melhor do possível".

Ao trazer esse ensinamento para o seu dia a dia, você deixa o território da preocupação e entra no da ocupação. É como se existisse um passageiro e um piloto dentro de nós. Durante uma turbulência, enquanto o passageiro se preocupa em cair, o piloto se ocupa de subir. Enquanto o passageiro se intoxica de medos, o piloto reformula seus planos e recalcula sua rota sem duvidar de que é capaz de seguir em frente.

Alguém que se torna piloto da própria vida não vive solitário, mas se torna solidário a si mesmo. É alguém que se cerca de pensamentos positivos e, quando erra, em vez de se culpar e se colocar para baixo, intoxicando seu cérebro e paralisando seu corpo, sabe exercer a autocompaixão. Não é leviano, e sim leve. Entende que errou e que tudo de que precisa é fazer diferente na próxima vez. Assume de novo o controle e segue em frente, de peito erguido e cheio de novas lições na mochila da alma.

Os pilotos da própria vida entendem rapidamente um dos aprendizados mais importantes da humanidade: há momentos em que não importa o queremos da vida, mas sim o que ela quer de nós. ■

25

Mergulhar sem boia em busca do novo

Já reparou como nos momentos mais difíceis, quando mais precisamos assumir uma posição de enfrentamento, tendemos a nos fechar e recuar? Essa postura diante dos problemas faz com que nos cerquemos de pensamentos negativos, minando nossa energia de realização e nos desencorajando a buscar o novo, a lutar pelo que queremos, a recomeçar.

A psicóloga norte-americana **Amy Cuddy**, especialista em psicologia social, explica por que isso acontece. Segundo ela, quando adotamos uma postura passiva, abaixamos a cabeça e nos escondemos em nós mesmos, nosso cérebro entende que precisa liberar mais cortisol – hormônio do estresse – e menos testosterona – hormônio do encorajamento. Por outro lado, se erguemos a cabeça e estufamos o peito, nos colocando em modo de ação e já provocamos mudanças consideráveis em nossa fisiologia.

bit.ly/
2VjoS9i

Já notou como boxeadores se encaram antes de começar uma luta? Como jogadores e goleiros parecem se desafiar antes de um pênalti? Ou como os animais se comportam em situações de confronto? Todos esses exemplos retratam situações de enfrentamento, nos quais o corpo, intuitivamente, se prepara para encarar a realidade de forma otimista. Peito estufado, queixo levantado, olhos abertos. É assim que enfrentamos as dificuldades. Como já vimos, a palavra "enfrentar" vem de "em"+"frentar", ou seja, significa se colocar de frente, assumir uma postura de encarar as coisas como elas são e fazer o melhor que podemos diante delas.

Podemos tirar daqui uma importante lição. Em vez de nos colocarmos para baixo, de nos escondermos, de desviarmos o olhar uns dos outros, de nos vitimizarmos, podemos nos preparar mental e fisicamente para enfrentar as adversidades.

A essa altura, é provável que você esteja pensando: "Se estou mal, como faço para me sentir confiante?", ou "Como posso erguer a cabeça e andar com firmeza se me sinto tão triste?". Amy Cuddy tem a resposta: em uma de suas famosas palestras motivacionais, a psicóloga explica como aprendeu, graças a uma professora que lhe deu aulas em Harvard, uma estratégia que ela chama de "Fake it until you make it" (algo como "Finja até conseguir", em tradução livre).

Para explicar a teoria, Cuddy compartilha uma história pessoal. Nas vésperas de uma prova muito importante, apesar de toda sua capacidade intelectual, a jovem Amy se sentia insegura. A professora, então, num gesto de incentivo, disse a ela: "Você vai fingir. Vai entrar naquela sala e fingir que é tão confiante, que é tão capaz, que é tão boa, que ninguém vai perceber sua insegurança. Você vai fingir tão bem que vai fazer tudo dar certo".

As palavras da professora encheram Amy de coragem, e ela se saiu tão bem na prova que, com o tempo, se convenceu de que sempre havia sido capaz. Num primeiro momento, a ideia de fingir pode até parecer exótica ou artificial, mas ela nos revela algo importante: quando acreditamos verdadeiramente em algo, nos damos a chance de mudar o curso da realidade.

O grande problema é que, nessas horas, é muito mais fácil nos convencermos de que não temos forças, competências ou capacidade para vencer. Mais uma vez, trata-se de uma trapaça da mente para nos distrair e nos impedir de enfrentar as dificuldades, pois, se pensarmos racionalmente, veremos que buscar o novo pode até não trazer garantias de vitória, mas continuar onde estamos garante apenas a permanência e a manutenção da dor.

Ora, se há uma chance de enfrentar o que nos faz mal, de conquistar aquilo que queremos, por que não aproveitá-la? Você pode até pensar

"Mas e se der errado?", e eu devolvo a pergunta: e se der certo? Ainda que as coisas não saiam como o planejado, o que de pior pode acontecer para impedir você de tentar?

Se formos um pouco menos cruéis, exigentes, perfeccionistas e vaidosos conosco, podemos aprender muito mais. Não estou dizendo que devemos ser indiferentes às dores ou abraçar qualquer situação nova de peito aberto, mas podemos, sim, ser mais generosos, cuidadosos e carinhosos como o nosso "eu" interior. Podemos nos dar as mãos nos momentos em que não temos nenhuma certeza, nenhuma garantia.

Dependendo do rio em que mergulhamos, não morremos por entrar em suas águas, e sim por não conseguir nadar até a outra margem. ▪

Tentar e falhar é,
pelo menos, **aprender**.
Não chegar a tentar
é sofrer a inestimável perda
do que **poderia ter sido**.

GERALDO EUSTÁQUIO DE SOUZA

"Aceita que dói menos"

Muitos dos ditos apregoados pelo senso comum, sejam eles inspirados na sabedoria popular, sejam fragmentos bíblicos, agem como uma importante ferramenta na busca do equilíbrio emocional. Isso porque eles nos permitem refletir, ajudando-nos a sair do estado de paralisia que tantas vezes experimentamos diante da dor.

A mudança acontece quando nos cansamos de apenas sofrer e decidimos tomar uma atitude. Este é o primeiro passo para dar um novo rumo à vida: aceitar o que aconteceu e sair do lugar de apatia em que a dor nos coloca. Nesse momento, é preciso ter atenção, pois existem diversas estratégias mentais que mais nos paralisam do que nos ajudam.

Podemos, por exemplo, remoer infindavelmente alguma situação ou sentimento a fim de entender os motivos pelos quais as coisas aconteceram de determinada forma. Nos perguntamos: "Por que eu fiz aquilo?"; "Por que não fiz de outro jeito?"; "O que levou aquela pessoa a agir daquela forma comigo?"; "Qual a razão disso?"; "E se eu tivesse dito outra coisa?"; "E se não tivesse dito nada?". Mas você já parou para pensar em todo tempo e energia que nosso cérebro gasta tentando entender esses "E se..."? Não é à toa que literalmente nos cansamos de sofrer.

Outro problema dessa abordagem é que não podemos mudar o passado: a única realidade sobre a qual temos algum controle é o presente, e é somente a partir dele que podemos construir um futuro

SUPERAÇÃO E EQUILÍBRIO EMOCIONAL **123**

melhor. Aliás, remoer o passado é uma forma de evitar a responsabilidade de construir um novo futuro – algo que, em um primeiro momento, pode parecer assustador.

Não digo que não devemos olhar para o passado. Essa é uma prática importante, desde que seja para entender que podemos tirar proveito daquilo que vivemos. Se essa visita ao passado trouxer aprendizados importantes para o seu autoconhecimento, então é válido olhar para trás e se perguntar o que você aprendeu, o que levou como lição e o que aquela experiência lhe ensinou sobre si mesmo. Dessa forma, caso enfrente uma situação parecida no futuro, você terá uma bagagem de aprendizados para lidar com as adversidades.

Outra estratégia que nos impede de seguir em frente é investir na raiva, maldizer a vida, os outros e o mundo, negar ou maquiar a realidade. Ao focar em pensamentos como "Não aceito que aquela pessoa tenha feito isso", "Não acredito que fui tratado dessa maneira", "Não vou tolerar isso", você estará apenas canalizando sua energia para a tristeza, a mágoa e a intolerância, afastando-se de uma atitude fundamental para seguir com a sua vida: aceitar a realidade e, a partir daí, superá-la.

Ao conformar-se com o que aconteceu, você para de gastar energia com um passado que não pode ser mudado e permite que seu cérebro encontre tempo e espaço para transformar o presente, buscando novas soluções que lhe permitirão sair desse lugar de sofrimento.

Nesse sentido, o segundo passo é assumir um compromisso altamente poderoso. Repita para si mesmo, como um mantra: "Eu posso lidar com isso". Mesmo que neste momento você ainda não saiba como fazê-lo, só o fato de verbalizar, de escolher aprender, de buscar uma solução e de procurar uma saída, já o coloca em uma posição diferente da resignação anterior. Ao fazer isso, você retoma o controle da sua vida para fazer dela o que bem entender.

Aos poucos, você pode preencher seu vazio com o novo. Novas aprendizagens, novas alegrias, novos papéis, novas experiências. Não acabamos com a escuridão, construímos a luz. E esse é o ato essencial da aceitação. Ao aceitar o que somos, ganhamos a oportunidade de fazer com isso o que desejamos. Abrace sua luz. ■

HISTÓRIA PARA INSPIRAR

Sofia: Perdi status, mas não abro mão de mim mesma

Sofia era uma garota bem-nascida, vinda de uma família de posses. Estudou em colégio particular no bairro dos Jardins, em São Paulo, frequentava boas festas, fazia grandes viagens. Teve tudo de melhor que a vida podia lhe proporcionar. Era também muito bela, tinha cabelos longos e sedosos.

Era aquele tipo de garota para quem a vida parecia sempre sorrir. Não tinha dificuldades em fazer amizades, tinha um bom grupo de amigos e, para as festas e as viagens, era sempre a primeira a ser convidada. Tudo de bom acontecia para ela. Prestar o vestibular foi fácil. Como era tranquilo estudar, conseguiu passar de primeira em Direito, entrou numa prestigiada universidade e se destacou. Ao longo da vida, muitas e muitas portas se abriram para ela.

Foi então que, ao fazer 30 anos, veio a crise. Ah, a famosa crise dos 30! Sofia percebeu que o preço que ela estava pagando por seu sucesso e para continuar nesse mundo de roupas elegantes, festas deslumbrantes, resultados incríveis e grande status era alto demais. Próxima de se tornar anoréxica, sofria de pressão alta e estava solitária. Além disso, notou que fazia muito, muito tempo que, em seu belo apartamento, pago com seu altíssimo salário, recheado de bônus mensalmente conquistados, havia, na verdade, um grande vazio, uma grande solidão.

Procurou, então, um psicólogo. Depois outro. E mais outro. E nenhum servia. Com todos, ainda permanecia aquele grande vazio a ser preenchido. Faltava-lhe algo muito importante: o amor. O trabalho naquele conceituado escritório de advocacia lhe garantia status, um carrão, roupas caras, viagens, um sapato de sola vermelha que abria muitas portas... mas também fechava outras. Para manter esse estilo de vida, Sofia acabava abrindo mão de tempo, de lazer, de amor e da possibilidade de ter ao seu lado um companheiro.

Foi aí que aconteceu um episódio terrível de gastrite, que obrigou Sofia a ser internada em um hospital. E ali, ela se viu sozinha, sem amigos para visitá-la, sem um companheiro ao seu lado e sem sua mãe, que também estava sempre ocupada e mal ia vê-la. E novamente veio a crise. E a certeza de que, por trás de todo aquele status, existia um grande vazio em sua alma.

Ela buscou ajuda novamente e, após frequentar um psicólogo mais experiente, teve a coragem de pedir à sua chefe um ano sabático.

– Como? Para quê? Você vai abrir mão de tudo isso? Você vai perder esta oportunidade? Você está prestes a virar sócia, você ganha muito bem e tem tudo o que sempre quis!

Ela corajosamente respondeu:

– É verdade, eu tenho tudo o que sempre quis e sou muito grata à senhora e a todos do escritório por isso. Mas eu não tenho aquilo de que mais preciso.

– Do que é que você precisa? – perguntou a gestora.

– Não sei. É isso que preciso buscar.

Sofia, então, pediu licença, retirou do banco suas reservas e mudou-se para uma casinha da família no interior. Lá, passou a acordar com mais calma, a sorver seus dias e a refletir sobre sua vida. Começou a ler literatura e a praticar esportes. E, dando esse tempo para si, compreendeu que, em sua vida desvairada e frenética, estava sempre em mil festas e rodeada de pessoas, mas nunca se sentia à vontade com ninguém. Apesar de seu sucesso e de sua beleza, a verdade é que ela não confiava em si mesma.

Teve também a oportunidade de pensar em quanto tempo fazia que ela não acordava ao lado de alguém. Para sexo casual, sempre havia candidatos, é verdade. Mas quem acordava do seu lado? Sofia finalmente percebeu quanta coisa lhe faltava, e nem precisou de um ano inteiro para isso. Foram necessários poucos meses de revisão diária, de choro e de lágrimas, para ela enxergar que precisava de uma nova vida. Nascer para o novo.

Então, pediu demissão, contra tudo e todos. Recomeçou sua vida. Abriu um pequeno café perto de sua casa, ganhando muito menos, levando seus dias com muito menos glamour, tendo que colocar a mão na massa e, muitas vezes, levar desaforo de cliente. Mas aquilo permitia que ela acordasse mais leve, que conversasse com as pessoas e que conseguisse sair com algum pretendente, algum homem interessante. E, o mais importante, agora ela realmente podia dormir em paz, sem precisar passar tantas madrugadas em claro, trabalhando e preocupada com prazos, relatórios e demandas.

Sofia passou a ganhar menos dinheiro, mas, em troca, ganhou muito mais serenidade e verdade em seu modo de viver.

– O futuro, eu não sei. O que importa é que hoje me sinto presente em minha vida.

Esse passou a ser seu mantra, sua nova e mais leve vida.

O poder de decidir quem você é

Quando pensamos em um projeto, seja algo simples, como organizar nossa cozinha, ou complexo, como abrir uma empresa, nos valemos de três forças diferentes, diretamente conectadas, que se completam e definem as atitudes que tomamos para alcançar nossos objetivos. São elas: o pensar, o sentir e o agir.

Se você prestar atenção, vai ver que, quando buscamos inspiração para escrever um bom texto, por exemplo, tendemos a nos comportar com mais motivação, com mais "força de alma". O contrário acontece quando nos convencemos de que não sabemos escrever direito, adotando um comportamento de bloqueio, insegurança e, muitas vezes, até de desistência.

A terapia cognitiva, área da psicologia desenvolvida pelo psiquiatra Aaron Beck na década de 1960, nos Estados Unidos, nos ensina que somos capazes de moldar nossos pensamentos – e essa é uma das melhores ferramentas das quais a humanidade dispõe para prosperar em qualquer área da vida. Já reparou, por exemplo, que, diante de uma separação, muitas pessoas se condenam e deixam de se abrir para o novo? Trata-se de uma escolha, é claro, mas será uma decisão consciente ou apenas o fruto de uma armadilha criada pelo próprio indivíduo?

Eu explico. Imagine que, após viver uma desilusão amorosa, a pessoa em questão passe a dizer que nunca mais vai confiar em alguém, que o amor não existe ou que não acredita mais no casamento. Ao se munir de pensamentos negativos como esses, o que é mais provável acontecer quando uma nova pessoa surgir em sua vida? Ela vai se sentir tensa e ansiosa, podendo adotar um comportamento distante, ansioso, ou até mesmo cínico e desinteressado. Não há dúvidas: pensamentos negativos despertam sentimentos e comportamentos bem diferentes dos positivos.

Agora, vou lhe propor um exercício. Da próxima vez que você se sentir encurralado, estagnado ou inseguro, preste atenção nos seus pensamentos e procure identificar quais deles estão contribuindo para esse sentimento. Para isso, pergunte-se: "Essa é a única forma de pensar?", "O que posso mentalizar para obter resultados melhores?", "O que eu diria ao melhor amigo?", "O que as pessoas que admiro fariam no meu lugar?".

Esse último questionamento pode até parecer curioso, mas a verdade é que, se analisarmos bem, todos temos um "comitê de sábios" como referência. Podem ser familiares, amigos, escritores, ou mesmo personagens fictícios, que lidam bem com as adversidades e nos inspiram a fazer o mesmo. Os sábios sempre parecem bem-resolvidos, não é? Então, por que não acioná-los nessas horas? Ao buscar ver as coisas sob novas perspectivas, podemos descobrir formas muito eficientes e criativas de lidar com nossos próprios problemas.

Vale lembrar que, da mesma forma que os pensamentos negativos exercem um grande poder sobre nós, o mesmo ocorre com os pensamentos positivos. Basta reparar o que acontece quando estamos tristes e ouvimos uma música animada, por exemplo, ou assistimos ao nosso filme preferido. **Tony Robbins**, famoso escritor e palestrante motivacional norte-americano, afirma que uma mudança positiva de pensamento pode gerar reações favoráveis na forma como nos sentimos e nos comportamos. O que acontece é que, ao reprogramarmos nosso cérebro, provocamos também mudanças fisiológicas, ou seja, estimulamos a produção de diferentes hormônios e sensações. Daí em diante, a mente é encorajada a buscar outros tipos de comandos positivos.

bit.ly/ 2Vn2DiP

Para Robbins, o segredo da mudança está no foco que passamos a dar à realidade e nas informações que recebemos do nosso corpo:

ao apresentar novas possibilidades ao cérebro, ampliamos nossos horizontes e produzimos pensamentos diferentes.

Não se entregue aos pensamentos negativos ou derrotistas. É verdade que, nas horas difíceis, muitas vezes eles são os primeiros que aparecem, e por isso tendemos a achar que são verdadeiros. Mas não são. Eles são apenas uma distorção da realidade, a voz da sua dor. A maior parte das ideias negativas, que nos jogam para baixo, não passa de um reflexo da dor falando conosco. Ao entender isso, você ganha o direito de escolher não atender a esse diálogo interno autodestrutivo.

E não é preciso se calar, pelo contrário. Você pode e deve confrontar essas ideias, mas com a consciência de que não são reais. Se preciso, lute. Lute bravamente por si, como lutaria por uma pessoa que ama muito. É assim que você vai se tratar a partir de agora: com amor e cuidado. Daqui para a frente, você será seu melhor amigo e se lembrará de que, muitas vezes, a distância entre o que se sonha e o que se conquista depende das suas atitudes. Somos livres e não precisamos ser reféns dos nossos pensamentos, sentimentos e comportamentos, muito menos de algo ou alguém.

Ser humano é fazer escolhas. Como nos lembra Tony Robbins, "cada pequena escolha pode lapidar o nosso destino".

E você, com quais ferramentas vai lapidar o seu futuro? ■

Saindo da caverna

Platão, em *A República*, narra uma história alegórica que ficou conhecida como "Mito da Caverna". Imagine que prisioneiros vivam em uma caverna desde a infância, com as mãos amarradas em uma parede. Eles estão dispostos de forma a enxergar somente as sombras projetadas à sua frente, geradas por uma fogueira acesa atrás da parede onde estão amarrados. Então, quando animais ou outras pessoas passam diante da chama, formam-se sombras assustadoras. Esse é o modo como os prisioneiros veem a realidade.

O mundo lá fora parece pavoroso, desconhecido.

Certo dia, porém, um dos prisioneiros é liberto. Ao andar pela caverna, ele percebe que tudo aquilo que ele e os outros julgavam ser realidade, na verdade eram sombras projetadas na parede. Ao sair dali e se deparar com o mundo exterior, o ex-prisioneiro toma um susto. O sol o ofusca, e ele se sente desprotegido, desamparado e deslocado. Aos poucos, porém, sua visão se acostuma à luz, e ele começa a enxergar a grandeza do mundo e da natureza.

De certo modo, também temos nossas próprias cavernas: vivemos em um mundo limitado, presos às nossas crenças, hábitos e rotinas, cegos pelo que julgamos ser verdade. Assim como os prisioneiros, também usamos nossos sentidos para entender o mundo e também nos assustamos com o exterior, com a nova realidade que se forma em um momento de perda, dor ou desalento.

O Mito da Caverna pode nos ensinar uma grande verdade universal: vivemos todos em um mundo de segurança ilusória. Uma ilusão tão poderosa que chegamos a acreditar que, fora dela, longe da realidade que conhecíamos antes de sofrer, não temos nada.

A dor nos faz entrar ainda mais fundo em nossas cavernas particulares, nos isolando do mundo. Situações, lugares e pessoas, que antes nos pareciam inofensivas, tornam-se pesadas, estranhas e difíceis de lidar. Nos fechamos em nosso sofrimento para curar uma ferida aberta, e, por um tempo, é disso mesmo que precisamos. É saudável viver o luto, tirar um momento para si e se preparar para a nova realidade lá fora. Ao entrar em contato com o seu íntimo, com a sua dor – que é única –, você será capaz de perceber o que é realmente importante. Nesse ritual de desprendimento, você se despede do que foi para que, no seu tempo, deixe a caverna e vá viver a nova realidade que o espera.

Não é preciso ter pressa para sair da caverna, mas procure ter em mente que muitas das imagens que você está pintando sobre o seu futuro agora estão apenas manchadas pela tristeza e pelas lágrimas que ainda não secaram em seus olhos. Nesses momentos, precisamos de muito carinho de nós mesmos e daqueles que permitimos adentrar nossas cavernas. Tempo e amor: como precisamos disso! ■

Se todos os dias arrumamos os cabelos, por que não o **coração**?

PROVÉRBIO CHINÊS

29

Esqueça um pouco do seu umbigo

Quando não nos sentimos bem conosco, uma das primeiras coisas que nos passa pela cabeça é que precisamos ser ouvidos. Precisamos de alguém que entenda nosso sentimento de injustiça, que fique do nosso lado, que abrace nossa dor e que nos estenda a mão. Se fomos passados para trás, então, aí é que precisamos mesmo de alguém para conter nossa ira, nossa indignação.

Querer alguém para nos dar apoio e testemunhar o que sentimos é algo tão natural que existe até uma expressão para isso: "dividir a dor". De fato, quando conseguimos colocar para fora nossos sentimentos e ser acolhidos com empatia, é como se parte desse sofrimento, desse desgaste emocional, fosse mesmo amenizado.

O problema é que, muitas vezes, estamos tão absortos em nossas próprias questões que não percebemos quando exageramos, quando "alugamos" o outro. Esse comportamento pode fazer com que as pessoas se afastem de nós, seja porque o repertório de ideias que elas possuem para lidar com uma situação como a nossa se esgotou, seja porque não aguentam mais ouvir as mesmas reclamações. É como se nossa vida fosse um jornal ou uma série de televisão: ninguém gosta de ler sempre as mesmas notícias ou de ver dezenas de episódios sobre o mesmo tema, certo?

Geralmente, quando passamos desse limite, é porque estamos exageradamente centrados no nosso umbigo. Nem percebemos que estamos nos tornando pessoas desinteressantes, entediantes. Esses termos parecem pesados, eu sei, mas vale lembrar que uma pessoa interessante é, antes de tudo, uma pessoa interessada. Falar somente de si, da sua dor e concentrar-se apenas no seu próprio umbigo é esquecer que os outros também têm seus umbigos, suas dores, suas tristezas, e que a vida de todos continua correndo, independentemente das nossas questões.

No extremo oposto, há as pessoas que não falam nada de si, e, quando insatisfeitas, apenas se fecham num tremendo mau humor. Então, quando perguntamos se há alguma coisa errada, recebemos como resposta algo como "Não é nada, me deixa", ainda que suas expressões facial e corporal digam o contrário.

Para encontrar o equilíbrio, podemos contar com uma importante dica presente em Eclesiastes 3:1-8:

> Tudo tem o seu tempo determinado, e há tempo
> para todo o propósito debaixo do céu.
> Há tempo de nascer, e tempo de morrer; tempo
> de plantar, e tempo de arrancar o que se plantou;
> tempo de matar, e tempo de curar; tempo de
> derrubar, e tempo de edificar;
> tempo de chorar, e tempo de rir; tempo de prantear,
> e tempo de dançar;
> tempo de espalhar pedras, e tempo de ajuntar pedras;
> tempo de abraçar, e tempo de afastar-se de abraçar;
> tempo de buscar, e tempo de perder; tempo
> de guardar, e tempo de lançar fora;
> tempo de rasgar, e tempo de coser; tempo de estar
> calado, e tempo de falar;
> tempo de amar, e tempo de odiar; tempo de guerra,
> e tempo de paz.

Essa passagem bíblica, tão rica, nos mostra que tudo o que é vivo está em movimento, é dinâmico. Se olharmos para um pé de bambu pequenininho, recém-saído da terra, veremos que ele é incrivelmente flexível, muito mais do que será quando atingir a maturidade. O mesmo acontece com o nosso corpo; basta notar como um bebê consegue colocar o pé na boca com facilidade. Você conseguiria fazer isso agora? A maioria das pessoas já não tem mais toda essa flexibilidade.

Com o passar do tempo, vamos nos tornando rígidos não apenas fisicamente, mas também emocionalmente. É essa rigidez que nos impede de perceber o tempo das coisas, que faz com que nos conectemos tão intensamente com a nossa dor, com o nosso umbigo, que não conseguimos deixar a vida seguir nem o novo entrar.

Se identificou com essa descrição? Então, deixo aqui meu convite a você: faça um *detox* por uma semana. Isso significa não comentar com ninguém sobre suas dores, suas chateações, seus aborrecimentos, a traição que sofreu, a rasteira que passaram em você ou a decepção que viveu. Por uma semana, você não buscará a opinião de nenhuma pessoa sobre o que o está incomodando, nem fará ninguém de confidente. Ninguém mesmo, viu? Nem o motorista do Uber, nem o tio da padaria.

Passados apenas alguns dias, você perceberá uma série de ganhos. É que, quando pararmos de recrutar os mesmos neurônios para tratar dos mesmos assuntos, um novo lado do cérebro se abrirá. Deixamos de remoer de novo e de novo os sentimentos que nos ferem, o que nos alivia e nos abre para as novidades. Você passará a reparar em coisas que sempre estiveram ali, mas que há tempos parou de notar: pode ser uma árvore bonita no caminho do trabalho, o sorriso simpático do porteiro do prédio, um gatinho tomando sol no quintal do vizinho. Sim, há felicidade e beleza em toda parte! É preciso limpar a mente de vez em quando.

Ao aceitar esse desafio, você receberá uma recompensa ainda maior: a chance de ser interessante outra vez. Quando nos tornamos pessoas interessadas, quando treinamos nosso olhar para observar o mundo, percebemos que há, sim, o tempo de se abrir, mas há o tempo de saber que os outros também precisam de nós. Quando estiver pronto, saia da concha do seu umbigo e experimente abrir seu coração para o novo. A vida ainda tem muito a lhe mostrar. ■

HISTÓRIA PARA INSPIRAR

Fernanda: Aos 40, com corpo de 40 e cabeça de 40

Como quase toda brasileira, cresci obcecada com beleza, magreza e fineza. Somos atormentadas com ideias atordoantes que nos fazem querer parar a roda da vida a todo custo. Somos um dos países com maiores índices de violência contra a mulher, e uma delas é justamente essa obsessão por estarmos sempre magras, felizes, animadas, sensuais, atualizadas, calmas, dedicadas, delicadas e jovens.

Tomei consciência disso quando vi uma tirinha, não me lembro de qual personagem, em que uma menina xingava o menino de chato, bobo, fedido, tonto e muitas outras coisas, e ele nem se incomodava. Mas, na cena seguinte, ele a xingava de gorda e ela se acabava em lágrimas. Pois é assim mesmo que nos sentimos. E nos medimos. E nos atormentamos.

Pergunte a um homem o que ele é, e ele lhe devolverá um monte de elogios. Faça essa experiência. Peça a alguns dos homens que você conhece que completem as seguintes frases: "Sou um pai_____", "Como amigo, sou_____", "No trabalho, eu_____". Perceba a diferença de fazer esse mesmo exercício com uma mulher. Ela rapidamente listará seus erros, suas falhas e suas faltas. Somos todas educadas para servir, pois, a despeito de todas as pautas de empoderamento feminino publicadas nas revistas femininas, em sites e em redes sociais, dentro da nossa cabeça, os séculos de opressão ainda gritam alto.

Uma situação muito vergonhosa pela qual passei na minha vida foi quando estava com um namorado e notei que ele sempre sentia prazer comigo, mas que, para mim, em quase todas as situações em que tínhamos intimidade, ficava sempre faltando algo. Eu não "chegava lá". Numa consulta ao meu ginecologista, lhe contei isso, toda envergonhada, e lhe perguntei se eu tinha algum problema, se poderia ser algo relacionado à minha idade, já que estava me aproximando do "precipício". Eu pensava que, ao chegar nessa idade, já não seria mais tão desejada. Ao menos era o que pensavam também todas as minhas amigas. Afinal, crescemos com a ideia de que, mais cedo ou o mais tarde, nosso homem vai nos trocar por uma mulher mais jovem.

Perguntei ao médico se seria hora de fazer algum procedimento. Quem sabe cirurgia plástica nos lábios vaginais ou silicone nos glúteos? Para ficar com a aparência de mais nova, mais atraente. Eu já tinha pesquisado preço e condições de tudo isso, claro.

Ele me perguntou se eu sentia prazer, como era tratada pelo namorado, entre outras coisas. Tudo parecia normal. Quando ele perguntou em que posição eu sentia mais prazer, corei e desviei a conversa. Sob insistência dele, cheia de vergonha, comentei que gostava mais de ficar por cima, mas que assim era mais difícil prender a respiração.

– Como assim? – ele indagou.

Falei que, quando eu ficava por cima, me sentia melhor, mas ficava mais difícil prender o ar, para minha barriga não ficar solta e meu namorado não ver que eu já tinha um abdômen flácido. Afinal, eu já não era mais uma menininha.

Naquele momento, ele saiu do outro lado da mesa, pediu que eu me levantasse e, segurando minhas mãos, me disse uma das coisas mais libertadoras que já ouvi:

– Minha querida, sabe do que um homem mais gosta? Sabe o que é realmente sexy? Uma mulher que se ama e se aprecia como é. Que vive os 40, com corpo de 40 e com cabeça de 40. É isso que um homem admira numa mulher, é isso que um homem busca numa parceria: uma pessoa que se acha linda, que se valoriza. Há a beleza dos 20, dos 30, dos 50, dos 60 e muito mais. Sabe o que não é bonito? Uma pessoa sadia, que tem uma vida rica, que trabalha e se sustenta, que tem tanto dentro de si, se trancar em ideais que lhe reduzem à escravidão perante o outro.

Chorei de vergonha, de medo, de alívio e de gratidão por aquelas palavras. "Mas e se meu namorado não pensar assim?", fiquei me perguntando. Então o médico, como que lendo meus pensamentos, disse:

– Fernanda, seu namorado, se for um homem de verdade, quer te ver sentir prazer com ele, quer te ver como você é, quer te ver feliz. E se ele não quiser o melhor para você, se ele não te aceita como é, que sentido faz estar ao lado de alguém assim? Nunca deseje quem não te deseja. Nunca aceite quem não te aceita. Não seja escolhida, seja escolhedora.

Aos 40, com corpo de 40. Isso me pareceu mais fácil. Aos 40, com cabeça de 40. Isso me pareceu mais leve. Resolvi testar. Na vez seguinte em que estive com meu namorado, me soltei. Falei tudo que queria, fiquei nas posições que bem quis, curti à beça. Uauuu, que delícia! Que alívioooooooooo! E o melhor é que ele ficou encantado com isso, se apaixonou ainda mais por mim, e, desde então, só me elogia.

Um dia desses ele até chegou a me perguntar se eu tinha tomado alguma coisa, pois notou que eu estava mais solta, mais fogosa. Ao que respondi:

– Tomei, sim. Tomei vergonha na cara e decidi parar de me atormentar e passei a me amar.

Acho que ele não entendeu nada. Ah, os homens!

O que importa é que hoje eu me sinto mais linda, mais interessante e mais livre do que jamais me senti a vida inteira. Sou o que sou e me amo assim. O prazer começa dentro de mim.

30

Assumindo o comando

Você já ouviu falar em Jocko Willink e Leif Babin? Dois dos mais proeminentes combatentes do exército norte-americano, esses soldados lideraram, por anos, as equipes dos SEALs, uma espécie de tropa de elite das Forças Armadas dos Estados Unidos.

No livro *Extreme Ownership* (2015) [*Propriedade extrema*, em tradução livre], eles decidiram contar o que aprenderam nas batalhas mais árduas, nos locais mais extremos, nos treinamentos mais rigorosos. Entre tantas adversidades enfrentadas, Willink e Babin relatam uma situação de "fogo amigo", na qual um soldado norte-americano atirou e matou um soldado aliado em uma batalha no Iraque, o que gerou um enorme dano geral nas equipes. Em uma guerra, esse pode ser um fator decisivo para a vitória ou a derrota de um exército.

Em situações extremas, tudo de que não precisamos saber é que cometemos um erro que custou ou prejudicou a vida de alguém que era nosso aliado, que estava ali por nós. Diante dessa situação, o alto escalão do exército foi chamado a julgamento, e a decisão final dos comandantes foi encontrar os culpados para puni-los. Nesse momento, Willink pediu a palavra: "Com todo o respeito, senhor, se há alguém para ser punido, sou eu. Se o tiro foi errado, a responsabilidade é minha por não ter dado o comando certo. Se a posição das tropas estava incorreta, eu é que deveria tê-las orientado melhor. Se nos movimentamos de forma lenta, eu que errei ao não conferir os cálculos da nossa posição. Por favor, senhor, se for punir alguém, que seja eu. Fui um mau líder para estes homens e já tenho um plano detalhado do que fazer para que isso não mais se repita".

Com essa postura autorresponsável, Willink ganhou o respeito dos comandantes e se tornou uma lenda viva, subindo de posto no exército e viajando o mundo para dar palestras sobre liderança. O que ele nos ensina é que culpar os outros pode até nos aliviar por um momento, mas não vai mudar a situação em que nos encontramos. A única forma de honrar nossas perdas é nos responsabilizar inteiramente pelo que fizemos, pelo que fazemos e pelo que iremos fazer.

Na mochila da vida, devemos levar apenas lições. Culpa, remorso e arrependimento devem ser deixados para trás, pois sua única função é nos arrastar para pensamentos pessimistas e incapacitantes. É importante saber que, nas batalhas que travamos contra nossos inimigos, sejam eles soldados armados, sejam fantasmas do passado, os únicos capazes de nos trazer a salvação somos nós mesmos.

Se alguém ou algo o decepcionou, feriu, magoou ou lhe tirou algo importante, saiba que, ainda que doa, quem você é e o lugar que escolheu ocupar no mundo são tudo que você tem. E ainda há batalhas para vencer e perigos pela frente. Mas também há a chance da vitória, da superação.

Seu destino, sua vida e seu futuro ainda não foram escritos. Se lá atrás, a duras penas, você aprendeu que nada está garantido, também merece saber que ninguém está condenado a nada. Você é o comandante das suas batalhas internas, que muitas vezes se tornam ainda maiores do que as externas. Aceite que, a partir de agora, é com você e pare imediatamente de agir como seu pior inimigo. Enfrente, lute contra pensamentos catastróficos ou dramas desnecessários, que só rebaixam sua autoestima. Lute a seu favor, pois você pode e vai vencer. Não é fácil, eu sei. Mas é libertador.

Ouviu o chamado da batalha? Qual vai ser a sua resposta? ■

31

Deixe o novo entrar

Quando estamos sofrendo, tendemos a passar um bom tempo isolados, seja por medo do julgamento dos outros e da consequente humilhação, seja porque ainda não nos perdoamos. Nesses momentos, recusamos convites, rejeitamos telefonemas, ignoramos mensagens e não saímos de casa para quase nada, não é verdade? Mas quando os trovões em sua cabeça cessarem e a tempestade de lágrimas se amainar, peço a você que permita uma grande mudança em sua vida: deixe o novo entrar.

O cérebro humano, essa fascinante estrutura de um quilo e meio que consome cerca de um quarto das nossas calorias diárias, tem um poder fabuloso que pode sempre ser usado a nosso favor: o poder do novo. Já reparou como ficamos felizes quando aprendemos alguma coisa nova? Pode ser preparar aquele prato delicioso que você sempre quis, aplicar uma fórmula matemática, editar uma planilha complexa, escrever um bom texto, dominar um passo de dança ou decorar a letra daquela música que não sai da cabeça. Somos capazes de aprender coisas novas todos os dias.

A satisfação que sentimos vem do fato de que, quando entramos em contato com o novo, nosso cérebro secreta dois importantes neurotransmissores: a dopamina e a serotonina.

O corpo produz diversos neurotransmissores, mas quando falamos sobre aprender e entrar em contato com o novo, nos referimos principalmente a esses dois. A dopamina, por exemplo, está relacionada à coordenação dos movimentos e aos mecanismos de recompensa, de motivação e de crescimento intelectual ou emocional. Já a serotonina se relaciona à regulação das emoções, à variação do humor, aos níveis de ansiedade, sono, apetite e libido.

Ao analisar a atividade desses neurotransmissores no cérebro, percebemos não apenas que ficamos felizes quando aprendemos algo, mas também que, quando estamos felizes, aprendemos com mais facilidade. Isso significa que nosso humor pode melhorar quando realizamos alguma coisa, ou que, assim como o Pequeno Príncipe, clássico personagem de Antoine de Saint-Exupéry, podemos ficar felizes desde agora por sabermos que algo bom acontecerá amanhã.

Desenvolver essa consciência é entrar em contato com a possibilidade de surfar na espiral ascendente de humor. Graças ao nosso cérebro e a esse mecanismo de recompensa, podemos nos sentir bem mais animados com a simples ideia de visitar um lugar bacana, de assistir a um filme interessante ou de encontrar alguém de quem gostamos.

Quando estamos presos à nossa dor, no entanto, nos esquecemos de tudo isso. Mas a boa notícia é que não precisa ser assim.

A proposta, aqui, é que você se permita pequenas janelas de movimento em seu dia a dia. Que tal tomar um novo caminho para o trabalho, comer algo diferente no almoço ou ouvir um novo *podcast*? Se você gosta de organização, também pode ordenar seu guarda-roupa por cores, por exemplo, desfazendo-se das coisas de que não precisa mais e trazendo para a frente aquelas que há tempos você não usa. Que tal, a partir de amanhã, se vestir de forma diferente, experimentando um novo acessório ou perfume? Você também pode aproveitar para conhecer aquela nova academia que abriu no seu bairro, na medida em que se sinta seguro para isso, ou mesmo começar aquele curso de gastronomia que sempre quis fazer, mesmo que seja on-line. Ao se permitir essas mudanças, você deixará que seu cérebro faça novas conexões, remodelando-se para buscar e aceitar o novo de braços abertos.

Quando temos restrições, como em casos de isolamento, faz muito bem se abrir às novidades e às mudanças mais simples: você pode fazer um penteado diferente, mudar a forma de dispor as coisas na sua mesa de *home office*, assistir a uma série nova, usar roupas que não costuma usar sempre ou até experimentar novos aromas na casa. Não abra mão da sua autonomia e da sua criatividade no dia a dia.

Quando perguntaram para Michelangelo, famoso artista renascentista, como ele havia feito uma escultura tão perfeita como Davi, sua resposta foi: "Apenas retirei do mármore tudo o que não era Davi". Essa citação é belíssima, pois o cérebro aprende exatamente dessa forma.

Aprender é como esculpir: quando crianças, também somos como um bloco de pedra maciça esperando para ser moldado. Ao aprendermos um novo idioma, um novo esporte ou uma nova crença, estamos esculpindo o cérebro.

O aprendizado, aliás, é um processo que dura a vida toda. Hoje, estudos da área de neurociência demonstram que aquela ideia de que, com o passar dos anos, apenas perdemos neurônios, não é necessariamente verdadeira. Pessoas que se mantêm em estado de aprendizado contínuo, que não negligenciam alimentação, sono e atividades físicas, que cultivam laços afetivos, não apenas preservam sua capacidade cerebral, mas estimulam sua expansão. Na verdade, o que acontece é que, até o último dia de nossas vidas, estamos sujeitos à neogênese, ou seja, à criação de novas conexões cerebrais. Ter essa consciência pode ajudar você a abandonar antigos preconceitos, tirar alguns sonhos da gaveta e ir em busca da vida boa que você quer e merece.

Se você pudesse fazer uma escultura da sua vida, por onde começaria? Independentemente do ponto de partida que você escolher, o novo pode ajudá-lo a esculpir a pessoa feliz, saudável e renovada que você quer e merece ser. ■

Otimismo é esperar pelo melhor. **Confiança** é saber lidar com o pior.

ROBERTO SIMONSEN

32

Constância vale mais do que intensidade

"Você ama sua esposa? Prove." É assim que **Simon Sinek**, um dos mais reconhecidos autores do tema liderança, começa sua entrevista para o canal Inside Quest, do YouTube. Nesse vídeo, Sinek constrói uma narrativa com seu interlocutor para mostrar que, muitas vezes, um grande amor não se revela por meio de presentes caríssimos ou de grandes atos exagerados. Para o autor, o amor sólido, aquele que faz casamentos prosperarem por décadas, é repleto de pequenos momentos de solidariedade e companheirismo, nos quais estendemos a mão, nos abrimos para ouvir, nos fazemos presentes nos momentos difíceis e medimos nossas palavras para não ferir o outro.

bit.ly/
2ZerIOg

Essa capacidade de cuidar das pequenas coisas que edificam nossa existência no dia a dia resume a essência da autoliderança, uma das bases da autogestão emocional, que nos permite a superação. Explico: retomando o exemplo de Sinek, se você escovar seus dentes por três horas seguidas, o que acontecerá? Nada, certo? Por outro lado, se escová-los por três minutos após cada refeição, você terá dentes saudáveis por muitos e muitos anos. Seguindo o mesmo raciocínio, o que você ganha ao entrar numa academia e não sair dela por oito horas? Nada além de uma grande exaustão, não é? No entanto, se você se dispor a frequentá-la quatro vezes por semana, apenas trinta minutos por dia, seu corpo e sua mente se manterão saudáveis. Essa é uma das provas de que a constância vale mais do que a intensidade.

Quando nos entregamos a algo de forma muito intensa, corremos o risco de não continuar perseverando, persistindo, lapidando nossos pensamentos, sentimentos e ações, o que pode nos levar a desviar do caminho rapidamente. Já ouviu alguém dizer que vai desistir de um objetivo porque "tentou de tudo"? Muitas vezes, essa pessoa não se dá conta de que pode até ter tentado o seu tudo, mas não tudo o que há para ser feito. Quantas vezes, por exemplo, um aluno estuda aquela equação quadrática por dias, sem alcançar o resultado desejado? Então, no dia seguinte, faltando dez minutos para a prova, um amigo explica: "Não é assim, esse número vem aqui, essa vírgula vem pra cá", e ele finalmente compreende.

Percebe como é importante entender que a prática, de forma isolada, não necessariamente leva à perfeição? A prática repensada e analisada, por sua vez, tem muito mais chances de nos guiar para a excelência. Não estou dizendo que praticar constantemente não muda em nada a probabilidade de obtermos êxito em uma tarefa, mas reflita comigo: ao praticarmos, sozinhos, um chute a gol, podemos chutar cem vezes a bola para fora. Porém, se depois de algumas tentativas tivermos a humildade de perguntar para alguém se há outro jeito, ou se usarmos a criatividade para bolar uma nova estratégia, talvez em doze ou quinze tentativas consigamos acertar.

Isso significa que, mais do que a força da intensidade, o que precisamos é da leveza, da constância. Pessoas constantes são aquelas que não fazem o que estão com vontade, mas sim aquilo que lhes cabe fazer. É aquele chefe que não grita quando algo dá errado, mas que se acalma e reflete antes de conversar com o colaborador, que se preocupa mais em encontrar soluções do que culpados. É aquele marido que, mesmo quando magoado, não ataca os filhos ou a esposa, mas se coloca no lugar dos outros, pensa sobre as consequências de suas ações e age com amorosidade, com maturidade.

A constância é o que nos guia para a frente. É desse ensinamento, aliás, que vem aquele provérbio: "Devagar se vai ao longe". Isso porque, quando adotamos a constância, passamos a gastar menos energia em nossas ações diárias – afinal, é mais fácil dar pequenos passos do que sair em disparada. Outra vantagem é que, andando devagar, podemos avaliar se o caminho escolhido está realmente nos levando a um bom destino, ou se a rota precisa ser recalculada.

Entre todos os ganhos citados, talvez o maior benefício da constância seja a libertação de sabermos tudo logo de primeira. Quando estamos tristes, ou nos sentimos sozinhos, muitas vezes deixamos de buscar o novo por nos sentirmos inseguros, despreparados ou incapazes de encontrar todas as respostas de que precisamos. Mas aqui vai uma boa notícia: nós nunca temos todas as respostas. Por mais que leiamos todos os livros sobre determinado assunto, que façamos todos os cursos disponíveis, que busquemos todos os conselhos que estão ao nosso alcance, o futuro nunca está pronto: ele está em constante construção, em parte por nós mesmos, em parte pela vida.

Há um ensinamento cabalista que ilustra isso muito bem: "Os homens fazem planos, mas Deus sente cócegas". Isso significa que nem sempre as coisas saem como planejamos, e que, ainda que procuremos agir com o máximo de dedicação, nem sempre alcançamos o objetivo esperado. Só para se ter uma ideia, vamos tomar como exemplo um empresário que acabou de inaugurar um novo empreendimento. Ele pode contar com o melhor plano de negócios, as melhores estratégias de marketing, os melhores profissionais, e mesmo assim o negócio corre o risco de não prosperar. Por outro lado, há empresas que são criadas na base da intuição, sem muito planejamento, e que deslancham no mercado. Como explicar esse fenômeno?

A vida nem sempre é justa, compreensível ou coerente, e nem sempre podemos planejar tudo. Para quem gosta de segurança, isso pode parecer assustador num primeiro momento, mas a verdade é que, se caminharmos lenta, calma e sabiamente, se nos libertarmos da obrigação irracional de sermos perfeitos, de sabermos de tudo, de acertarmos sempre, passamos a viver de forma mais leve e mais abertos para o novo.

Se for bom, aproveite, pois momentos bons passam; se for ruim, aprenda e se ajuste com humildade. Lembre-se de que essas situações também passam. Tudo é passageiro quando somos os pilotos. ∎

HISTÓRIA PARA INSPIRAR

O cuspe do Dodô

Todos os dias era o mesmo tormento na van da escola. Muitas vezes, quando batia o sinal da última aula, eu já começava a sentir o peito apertar, só de pensar que ia passar por situações irritantes e humilhantes de novo. Eu estava na 5ª série, e Dodô, um garoto do ensino médio, teimava em me provocar diariamente durante o trajeto da escola até minha casa.

Eram xingamentos, provocações, esbarrões... Não faltavam opções. E sua imaginação era fértil. Parecia que ele passava parte da manhã bolando alguma coisa chata para me incomodar. "Por que eu?", pensava. "Por que tenho que aguentar isso?", indagava. Todo dia ele cutucava cada uma das minhas feridas com precisão cirúrgica:

"Nossa, olha essa espinha, que enorme!"
"Tirou nota ruim na escola hoje de novo, foi isso?"
"Que tênis ridículo!"
"Esse seu cabelo está horrível, hein?"

Os outros meninos riam, como se aquilo fosse engraçado. E eu me sentia ainda pior. Ficava com vergonha de contar aos meus pais e com medo de falar para o diretor da escola. Tinha receio de agravarem os ataques, ou de algo ainda pior acontecer, como ele me bater, por exemplo. Eu não tinha como vencê-lo numa briga, ele era muito maior do que eu.

Quando eu ficava irritado e tentava retrucar ou pedia para ele parar, o tormento era pior, pois ele percebia que tinha

SUPERAÇÃO E EQUILÍBRIO EMOCIONAL **149**

me tirado do eixo e intensificava as investidas contra mim. Não eram poucos os dias em que, antes de subir para o meu apartamento, eu ficava um tempo a mais sozinho na garagem do prédio, me acalmando, para meus pais não perceberem o estado em que eu havia chegado em casa.

Até que um dia, a coisa transbordou. Os ataques começaram já na fila da van, e, naquele dia, ele estava ainda mais perverso. Pedi para ele parar pelo menos umas vinte vezes, e, a cada vez, ele me atacava com mais intensidade. Até que, ao descer da van, ele me chamou e, continuando com os xingamentos, colocou a cabeça para fora da janela e cuspiu em minha direção. Vi aquela gosma verde virando no ar e me esquivei. "Ufa", pensei, "pelo menos não pegou em mim".

Mero engano. Entrei na garagem do prédio e pus a mão no bolso esquerdo do agasalho do uniforme. Queria pegar algo no bolso, mas senti uma gosma quente nos dedos. Era o cuspe do Dodô. Sentei no chão e desabei. Aquilo era o fim da picada. Me senti tão humilhado, tão pequeno, tão impotente! Sentado ali, no chão, completamente sozinho e desamparado, tirei a camisa para jogá-la no lixo.

Entrei em casa com o rosto abaixado, e meus pais me perguntaram o que tinha acontecido. Desviei o olhar, indo direto para a lata de lixo jogar o uniforme fora, para me livrar daquela coisa nojenta. Quando me vi fazendo isso, ao olhar para a lixeira, tive um pensamento libertador: ele que é o lixo, não eu. Ao lado da lixeira estava a máquina de lavar roupa. Pensei: "Minha roupa eu posso lavar, mas é o coração dele que está podre, não o meu". Eu não merecia jogar nem meu uniforme nem minha autoestima no lixo.

Quer saber? Decidi lavar as coisas e superar as dificuldades, não fugir delas. Eu admirava artes marciais e pensei em como ficava fascinado quando um lutador mais fraco fisicamente se determinava a vencer, mesmo depois de receber uma saraivada de golpes de seu adversário. Agora era a minha vez de ganhar. Em muitas lutas, vencia quem tinha a mente mais preparada, e não necessariamente quem tinha o corpo mais forte. Vencem os mais ágeis, não os mais fortes. Essa era uma das leis da biologia que eu aprendera na escola. E era hora de aplicar essa lei. Pensei: "Ele é, sim, fisicamente maior do que eu, mas eu posso vencê-lo". Dentro de mim, decidi que o vitorioso seria eu.

Limpei o uniforme, lavei a alma e decidi mudar minha atitude. Ao me irritar e retrucar, dava a ele mais poder sobre mim, alimentando o ciclo de provocações. Chega disso! Era hora de lutar por mim e não me entregar. Perder dele significaria que eu não tinha valor e que ele venceria sempre. Só que não mais.

Hoje, já se passaram quase 40 anos dessa situação. Mas o aprendizado permanece. Quando percebo que estou deixando alguém tentar me manipular, me pôr para baixo, lembro que temos a lata de lixo e a máquina de lavar. E escolho sempre a segunda opção. Podemos sempre lavar nossas dores e não deixar que elas manchem nossa autoestima.

Isso pode significar olhar para o outro e lembrar que temos valor, mesmo que o outro não tenha olhos para isso, e nos dar conta de que essa pessoa pode estar nos atacando apenas para se distrair do próprio veneno. Ou podemos colocar um belo fone de ouvido em alto e bom som e curtir umas músicas animadas – que foi o que eu fiz durante todos os dias que se sucederem ao cuspe. Eu ouvia música e olhava pela janela, dando atenção às coisas belas no caminho para a escola e desviando o olhar do meu algoz. Até que ele se deu conta de que, sem a minha atenção, já não havia mais graça em me incomodar.

Dentro da minha cabeça, mando eu. Penso, sinto e decido o que se passa no meu mundo interior. Graças àquele momento nojento, percebi que os outros só ocupam dentro de nós o espaço que permitimos. Dentro da minha cuca, o DJ sou eu. Isso me salvou.

🎧 Acesse a Playlist de músicas para superação e equilíbrio emocional na p. 171.

33

Limpar, consertar, polir.
Esqueça um pouco de si, só por hoje

Quando estamos sofrendo, temos a tendência de sentir um misto de tristeza, raiva, medo e injustiça, o que acaba minando nossa energia. Em parte, isso explica por que estamos acostumados a abandonar as amizades, a casa, o corpo.

Se a vida nos deixou assim, pensamos, para que, então, cuidar e se importar? Para quê? Por quem?

Ainda que seja natural pensar assim, nem tudo que é natural faz bem. A picada de cobra é natural, mas não faz bem. Da mesma forma, se envenenar com pensamentos, sentimentos e comportamentos autodestrutivos também não vai ajudá-lo em uma fase difícil.

Mesmo sem ter vontade, se começar a consertar, organizar ou polir alguma coisa, perceberá que, ao se esquecer um pouco do que sente, você poderá se sentir muito melhor consigo mesmo.

Isso acontece porque nossa autoestima depende muito do ambiente em que estamos. E amor-próprio não é fazer apenas o que queremos e do modo como bem desejamos.

Não precisa acreditar, apenas faça.

Às vezes, bastam dois minutos de foco em algo construtivo, útil, interessante, para sair do baixo-astral. Isso mesmo, dois minutos com sua energia focada em algo útil, divertido ou que traga algum crescimento, pode mudar todo o seu dia.

Tem alguma parte da sua casa que merece aquela faxina especial?

Alguma coisa que esteja precisando de conserto?

Algum objeto seu que está descuidado, que merece aquele polimento?

Algo que você possa reciclar e transformar em algo útil?

Ao investir energia em algo externo a nós, ganhamos três coisas: autoestima, pois o ato de criar algo com as próprias mãos nos mostra que somos capazes, que temos valor; paz interior, pois nos esquecemos, ainda que por um breve momento, de sentir pena de nós mesmos; bem-estar, pois nos focamos em cuidar de algo que é útil, importante e valioso: nossa casa.

Por fim, e ainda mais importante, vale lembrar que, quando nos esquecemos um pouco da dor, quando a deixamos de lado por um tempo, temos não somente a chance de dar um descanso momentâneo ao nosso sofrimento, mas também, ao pegá-lo de volta, de senti-lo com uma intensidade um pouco menor. E como é bom um pouco de alívio nesses momentos! Topa o convite? ■

Como lidar com a nossa vulnerabilidade

Em 1967, quando Guy Debord lançava *A sociedade do espetáculo*, famoso livro que aborda a importância dada à imagem na sociedade moderna, ele certamente não imaginava o que estava por vir. Com a crescente popularização das redes sociais, hoje, mais do que nunca, vivemos em prol das imagens que criamos – e divulgamos – de nós mesmos.

Se olharmos atentamente para o que publicamos no Facebook, no Instagram, ou mesmo para o que conversamos no WhatsApp, veremos que, na maioria das vezes, estamos falando sobre nós. Isso está relacionado ao crescimento do individualismo, da vaidade, do narcisismo, e o pior de tudo é que dificilmente nos vemos como parte do problema. Lembro-me de um grafite muito interessante que dizia: "Pare de reclamar do trânsito: você é o trânsito". É difícil perceber que contribuímos para uma situação quando não assumimos nossa parcela de responsabilidade, não é?

Por outro lado, ao aceitar que fazemos parte dessa "sociedade do espetáculo", nos damos a chance de destrinchar o que nos leva a fazer parte disso, o que nos gera essa necessidade de compartilhamento e de onde vem o medo de parecermos vulneráveis.

A primeira coisa que devemos saber é que, hoje, diversos estudos comprovam que o contato massivo com as redes sociais não traz felicidade. Além de nos fazer perder tempo, as rolagens infinitas de tela aumentam nossos níveis de ansiedade, o que pode atrapalhar nossas relações pessoais, prejudicar nosso desempenho no trabalho e até mesmo levar à depressão. Afinal, no "Weblândia" perfeito, ninguém erra, se frustra, se sente insatisfeito com o próprio corpo, se sente solitário num sábado à noite, sofre uma desilusão amorosa, enfrenta problemas em casa, nada: tudo está sempre às mil maravilhas.

Acontece que já somos grandinhos o suficiente para entender que essa vida "fotoshopada", com cara de filme de romance, não existe, certo? Mesmo assim, ao observar nosso estado emocional antes e depois de entrar nas redes, percebemos que, muitas vezes, saímos mais tristes do que antes. Uma das explicações para esse fenômeno é o fato de que a felicidade funciona por meio da comparação: eu sou tão feliz quanto as pessoas ao meu lado são ou não felizes. Me sinto mais ou menos inteligente, dependendo do tipo de pessoa com quem me comparo. É preciso parar de perder tempo, e até saúde, navegando a esmo pelas redes sociais em busca de admiração. O que realmente precisamos, o que realmente nos alimenta, é o amor. Ser amado por uma pessoa é melhor do que ter milhões de curtidas.

Em meio a essa sociedade acelerada, então, mais do que entender que não temos tempo a perder, sabemos também que não temos uma imagem a perder. E se tudo que não é positivo – erros, dores, falhas – ameaça nossa imagem, a vulnerabilidade passa a ser nossa pior inimiga.

Brené Brown, renomada cientista social norte-americana, levanta questões bem interessantes a respeito desse assunto em seu TED Talk, **"O poder da vulnerabilidade"**. Segundo Brown, precisamos nos atentar ao fato de que estamos nos afastando cada vez mais de nós mesmos. Nesse afã de querer exibir cada conquista, de esperar por validação em tudo que fazemos ou pensamos, de negar ao máximo nossas imperfeições, que são apenas humanas, deixamos de ser gratos por quem somos, de curtir os momentos com quem está do nosso lado. Trocamos a realidade por uma utopia inalcançável.

bit.ly/
2YCayLb

Aplicando sua teoria ao nosso século, Brown nos mostra que o desejo de estar sempre certo é tão grande que, mesmo nas disputas eleitorais, um dos momentos que mais nos exige racionalidade e pensamento coletivo, deixamos de debater conteúdos, propostas, caminhos ou possibilidades. O que acontece, na maioria das vezes, é um jogo de empurra-empurra repleto de acusações de todos os lados: ansiosos por ter razão, trocamos o debate pelo julgamento, acusando e atacando aqueles cuja opinião difere das nossas. Disfarçarmos, assim, nossa vulnerabilidade, e o preço que pagamos é nos tornarmos insensíveis não apenas ao outro, mas, acima de tudo, a nós mesmos.

Ainda segundo Brown, se queremos ser felizes e lidar de forma saudável com nossa vulnerabilidade, precisamos, sobretudo e antes de tudo, nos ver como realmente somos, pois só assim seremos capazes de mostrar ao outro a nossa verdade. Só assim poderemos nos abrir ao amor, seja ele direcionado a outra pessoa, seja a uma causa ou empresa. Trata-se de um amor que não nos traz garantias, é verdade, mas que, por isso mesmo, é positivo, pois nunca deixamos de lutar por ele.

Se não nos aventuramos no desconhecido, se não nos arriscamos, se esperamos para viver apenas os dias calmos e tranquilos, abrimos mão das emoções que nos fazem sentir vivos, apaixonados, encantados, animados e desafiados. Os caminhos que a vida nos reserva nem sempre são fáceis de trilhar: há aqueles que nos levam em linha reta, sim, mas também há aqueles cheios de curvas, de altos e baixos, de surpresas e desafios. Quando superamos esses obstáculos e chegamos ao nosso destino, mais maduros e cheios de novos aprendizados, é aí que devemos nos sentir gratos pelas curvas da vida.

Esses ensinamentos que compartilho com você são um convite para celebrar a vulnerabilidade, pois é ela que nos faz sentir vivos. Trazendo essa lição para a sua vida, você estará voltando seu olhar para as suas dores, os seus valores e os seus aprendizados, que são constantes. E o mais importante de tudo: você finalmente vai entender que não é preciso ser perfeito para ser amado. ■

HISTÓRIA PARA INSPIRAR

150% de chance contra o tumor

Aos 30 anos, eu já estava no auge da minha carreira. Dava aulas na universidade, tinha uma clínica lotada, trabalhava em um importante colégio, tinha uma boa roda de amigos e jogava futebol três vezes por semana. A vida estava a mil, cheia de novidades e intensa, como eu gostava.

Até que me vi passar por uma daquelas situações que nos fazem perder o chão. Um dia, fui ao dermatologista para fazer um simples tratamento de *peeling*. Ao me examinar, ele apalpou meu pescoço e notou um caroço.

– Você sabe o que é isso aqui? – perguntou o médico.

– O quê?

– Tem um caroço bem aqui. Antes de fazermos o *peeling*, seria bom ver isso, pois eu aplicaria o anestésico justamente nessa região.

Ele perguntou se doía, e eu falei que não. E a expressão no rosto dele me assustou.

– O que foi, doutor? Por que está com essa cara? – perguntei.

– Não quero falar nada agora, pode não ser nada. Mas é melhor olhar isso. Vá a um otorrino primeiro. Depois volte aqui para cuidarmos da sua pele.

Na sala, ficou um silêncio constrangedor, e eu fui embora.

Nem preciso dizer que saí de lá e já marquei a consulta para aquela mesma semana. A cena se repetiu. Ao examinar meu pescoço, o médico fez a mesma cara de espanto quando me perguntou se doía, e eu disse que não. E eu pensando que, já que não sentia dor, não devia ser um problema. Ledo engano.

Ele elogiou a conduta do dermatologista e me pediu alguns exames. Disse que o fato de não doer era o que mais o preocupava, pois alguns tumores não causam dor e, por isso, vão crescendo dentro da gente sem que cuidemos deles devidamente.

Não preciso dizer que não dormi direito até fazer os exames de tomografia, ressonância magnética, e muitos outros, e voltar ao otorrino. Com medo e vergonha, não quis falar para ninguém. No dia da consulta, o palpite do médico se confirmara. Eu tinha mesmo um tumor. Ouvir a palavra "tumor" naquele momento foi como receber um soco na cara. Como assim? Por que eu? Por que agora? Por que comigo? O que seria de mim? Minha cabeça se encheu de dúvidas, e meu coração se inundou de medos. Tumor, para mim, era aquela coisa horrorosa que matava as pessoas. E a ideia de que eu tinha um desse, de sete por três centímetros, aderido à minha carótida, era devastadora. Sim, era real a possibilidade de eu morrer, ou ter a face paralisada, se não fizesse a cirurgia.

Até então, gostava de pensar, no auge dos meus 30 anos, que eu tinha a vida toda pela frente e que nada jamais iria acontecer comigo. É assim que a gente se sente nessa fase da vida. Mas, diante desse cenário, entrei numa deprê só.

Ninguém entendia, e eu não queria falar para as pessoas, por medo, por culpa, por raiva, por tudo isso e muito mais. Meus pais foram muito amorosos, mas ficavam falando para operar logo, para eu me cuidar. Só que era isso todo dia, toda hora. Lembro até que um dia, num jantar, bati a mão na mesa, gritando com meu pai:

– Será que dá para, pelo menos um dia nesta casa, a gente falar de outra coisa que não seja meu tumor? Eu ainda estou vivo.

Na época, não consegui enxergar que eles também estavam assustados com as perspectivas. Para eles, também devia ser devastadora a ideia de perder um filho nessa idade. Mas me doía demais ver que minha vida se transformara, do dia para a noite, numa sequência de exames e debates sobre o tumor no meu pescoço.

Decidi, então, tentar um tratamento alternativo. Pesquisei todas as possibilidades, até que fui me consultar com uma mulher que aplicava Reiki, indicada pela minha mãe, chamada Mathilde.

É uma técnica milenar que transmite uma energia maravilhosa e que, em muitas situações, realmente cura. Ela teve uma atitude surpreendente, e me disse:

– Marque, sim, a sua cirurgia. Enfrente a vida. Confie. Faremos o nosso melhor até lá. Se a cura vier, comemoraremos. Se não, com toda certeza, você estará mais bem preparado para se recuperar com o que faremos juntos.

"Faremos juntos." Essa expressão foi incrível. Ela me ensinou, durante as sessões, a me entregar, a relaxar, a confiar, a abrir mão do controle. A perceber que nem tudo na vida podemos entender, que nem tudo podemos manejar do nosso modo, que nem sempre a vida é justa, ou compreensível. Aprendi com ela que não podemos escolher nossas dores, mas sim o modo como passamos por elas. Ela, por sua vez, sofria de esclerose degenerativa e passava também por sessões de Reiki para aliviar a mente e o coração, e para ter mais leveza em seu processo.

Durante o tratamento, reli os ensinamentos da Logoterapia, sobre o sentido da vida, e aprendi com ela que leveza e dignidade são escolhas nossas. E que elas nos ajudam muito a enfrentar as coisas que não queremos, não escolhemos, mas precisamos encarar.

Numa das aplicações de Reiki, me veio à mente a ideia salvadora de parar de repetir para mim mesmo que eu tinha um tumor e, em vez disso, dizer que eu tinha uma bolinha no pescoço, e que um médico maravilhoso ia tirá-la de mim. Isso me encorajou. "Bolinha" era melhor do que "tumor". "Médico maravilhoso" era melhor do que "otorrinolaringologista".

E, assim, acabei me permitindo contar às pessoas, que passaram a me olhar com aquele misto de carinho, pena, compaixão e amor. Mas o que importava é que, agora, eu me olhava como alguém que ia passar por isso com dignidade, lutar pela vida, vencer essa etapa e superar fosse lá o que estivesse por vir. O plano A era vencer, o plano B era vencer, e o plano C também era vencer. Foi assim que eu decidi enfrentar minha situação. Com esperança e força. Sem coitadismo.

Após a cirurgia, que durou oito horas, com a presença de três equipes médicas, a bolinha foi extraída com sucesso. Mas, nos dias seguintes, recebi mais uma indesejada surpresa. Num retorno ao médico-otorrino-maravilhoso, comentei que minha voz não saía direito, e ele disse que uma das minhas cordas vocais estava anestesiada, pois mexeram muito na carótida, onde a bolinha estava alojada, e precisaram fazer um enxerto nela. Ou seja, eu tinha ficado com um "canudinho" no lugar de uma das mais preciosas artérias do meu corpo.

– Mas, doutor, quantas cordas vocais eu tenho? Em quanto tempo voltarei a falar? Eu preciso da minha voz, doutor. Por que o senhor não me falou desse risco antes? – perguntei, sussurrando.

– Se eu tivesse falado, naquele momento, de todos os riscos que você corria, você nem ia se operar, meu jovem. Você sobreviveu a uma situação única. Seu caso era raro. Sua cura também. Não mais do que duzentas pessoas no mundo tiveram isso. Mas, com tratamento de fonoterapia, você terá 50% de chance de voltar a falar – ele sentenciou.

Saí de lá revoltado, inconformado, mas me lembrei do truque da bolinha. "A vida é minha, eu faço dela o que bem quiser", pensei. "Se sou eu que vou enfrentá-la, que seja do meu jeito." Me lembrei dos ensinamentos de Viktor E. Frankl e do que ele sempre citava em seus livros: entre o estímulo e a resposta, sempre há um grau, por menor que seja, de escolha. E eu escolhi vencer. Eu ia voltar a falar. Ah, se ia!

Dias depois, aprendi que temos apenas duas cordas vocais. Na época, eu pensava que tínhamos várias, como as cordas de uma harpa. Mas não. Então, o tratamento de recuperação teria que dar certo. "Vai dar certo" virou mais um mantra meu.

De manhã, diariamente, eu fazia as sessões com a fonoaudióloga, Dra. Silvia. Chorava muito no começo, pois a voz não saía. Houve sessões em que eu basicamente chorei. E ela me acolheu com uma humanidade incrível. Só para se ter uma ideia do meu estado, cantar "Parabéns pra você" era impossível naquele primeiro momento. Ser ouvido do outro lado da mesa? Nem pensar! Mas decidi não ter pena de mim mesmo e usar todas as minhas energias para a superação. Se eu tiver uma "super-ação", terei uma chance verdadeira. E me concentrei nisso com todas as minhas forças.

Decidi que, se eu repetisse à tarde e de noite, por minha conta, os exercícios da fonoaudióloga, eu passaria a ter três vezes mais chances. Então não seriam mais 50%, como o médico disse, e sim 150% de chance de recuperar minha voz e minha carreira. Em meio a dores, choro, lágrimas, medos, inseguranças e muita persistência, venci e recuperei minha voz em alguns meses.

Já se passaram mais de vinte anos desde que isso aconteceu. Me emociono de novo ao escrever isso. Lágrimas de gratidão e de tristeza se misturam neste momento e embaralham minhas ideias.

Daqui a pouco eu volto...

Acho que sempre vou me emocionar com essa passagem da minha vida. Graças a ela, aprendi que, se eu sobrevivi, é por que Deus tinha um plano maior para mim, e, assim, perdi o medo diante do desconhecido. Graças a esse momento, percebi que me torno mais forte ao pedir e ao receber ajuda dos outros. Graças a esse momento, percebi que, se não escolhemos nossas doenças, certamente somos parte da nossa cura.

Hoje, quando recebo meus pacientes no consultório, quando ministro palestras, enquanto escrevo estas palavras, lembro-me sempre do poder dos 150% de chance que temos quando nos entregamos ao amor que recebemos e damos tudo que temos para dar a volta por cima que queremos e merecemos.

Não há uma palestra que eu faça que não me lembre que foi por pouco, por uma bolinha, que eu não estaria ali. E, ao me lembrar disso, muitas e muitas vezes, eu choro. De alegria, de gratidão e de espanto com a grandeza e a fragilidade que é a vida.

Seja lá o que estiver vivendo hoje, você também pode vencer. E, se mesmo depois de dar tudo de si, o resultado não sair como o desejado, continue lutando com todas as forças: no mínimo, você passará por essa situação com orgulho e sairá de cabeça erguida. Dê os seus 150% e confie na vida. O resto é com nosso amigo lá de cima.

35

Como desenvolver sua força de vontade e dar um *up* na autoestima

Você já notou que, quando enfrentamos situações difíceis, tendemos a esperar a força de vontade retornar a nós para, só então, seguirmos em frente? O que nem sempre nos lembramos é que, nessa espera, corremos o sério risco de sermos vencidos pela apatia ou até mesmo pelo vazio. Anestesiados, não raro buscamos compensar o vazio com prazeres imediatos – comida, álcool, cigarro –, muitas vezes adiando nossas responsabilidades. Como se, ao jogar fora aquela conta vencida, nossa dívida desaparecesse.

Isso acontece porque existe certo prazer na apatia: não gastamos energia, não nos decepcionamos, não erramos e não sofremos. No entanto, quanto mais permanecemos nesse estado, mais nos colocamos para baixo, pois além de nos fecharmos para o novo, de não perseguirmos nossas ambições, acabamos acreditando que nossa situação é ainda pior do que parece.

Por outro lado, se você parar para observar, vai perceber que, quanto mais direcionamos nossa energia para o que nos faz bem, quanto mais praticamos nossa "lição de casa existencial" – seja a prática de exercícios físicos, sejam os cuidados com a alimentação, para citar algumas possibilidades –, mais bem-dispostos nos sentimos para encarar o dia seguinte. Para compreender o que estou dizendo, basta se lembrar das vezes em que você se propôs a arrumar somente o armário, por exemplo, e, antes mesmo que se desse conta, acabou arrumando todo o quarto.

Isso que chamamos de "força de vontade", na verdade, chama-se "sinergia", e é a razão pela qual repetimos padrões de comportamento. Basicamente, o cérebro entende que, se repetimos certos padrões, é porque eles nos trazem algum tipo de satisfação. O problema é que isso vale tanto para os comportamentos positivos quanto para os negativos. Como podemos, então, sair de um ciclo vicioso de perde-perde com a vida para abraçarmos um ciclo virtuoso de ganha-ganha?

A psicóloga **Kelly McGonigal**, professora da Universidade de Stanford, nos Estados Unidos, trata justamente desse tema em suas aulas. Segundo ela, uma das melhores maneiras de levar nossos objetivos adiante é comentar sobre eles com alguém que nos ama. Podemos tirar duas lições dessa prática: a primeira é que, ao sentir o apoio de uma pessoa próxima, ao ouvir uma palavra de incentivo, nos sentimos mais encorajados e dispostos. A segunda diz respeito ao nosso receio de decepcionar o outro, que pode acabar funcionando como um antídoto contra o nosso desânimo.

bit.ly/
3eOfHp2

Assim como Brené Brown, McGonigal também acredita que descrever claramente o que desejamos alcançar nos ajuda a acordar no dia seguinte para executar nossas tarefas. Vamos a um exemplo? Imagine que você está diante de uma loja, prestes a gastar um dinheiro que não possui ou que não devia ser investido ali. Como escapar dessa armadilha? Simples: usando o tempo ao seu favor. Em vez de entrar na loja, espere dez minutos, dê uma volta, tome um café e relaxe. Se mesmo após esse tempo você sentir que precisa desesperadamente daquele produto, talvez faça sentido adquiri-lo. Caso não sinta mais essa necessidade, é possível que se tratasse apenas de um impulso, de uma compensação.

O contrário também funciona. Se você deseja aprender a tocar violão, por exemplo, mas deixa o instrumento guardado no fundo do armário e as partituras espalhadas pelos quatro cantos, quais são as chances de você chegar em casa e praticar? Muito menores do que se o violão estivesse à mão, apenas esperando por você, certo? Quando criamos condições favoráveis ao nosso aprendizado, à nossa evolução pessoal, entendemos, na prática, aquele velho ditado: "O que os olhos não veem, o coração não sente".

Você pode trazer esse ensinamento para todos os âmbitos da sua vida. Se quer melhorar seu condicionamento físico, deixe sua roupa de ginástica separada no dia anterior e vista-a assim que acordar. Se quer melhorar sua carreira ou renovar sua vida, comece entendendo que força de vontade é, sim, algo que podemos aprender a desenvolver. Todos nós temos uma boa dose de força em nosso interior, só precisamos aprender a desenvolvê-la. E o mais incrível é que, cada vez que você diz "sim" à vida, ao novo, à positividade, à alegria, cada vez que você investe um pouco mais na sua melhor versão, mais você se distancia da sua "versão rascunho".

Para conseguir essa energia de realização, é fundamental estarmos, também, bem alimentados e com o sono em dia. Dessa forma, conseguimos reunir forças para resistir às tentações e perseverar com tenacidade nas situações em que somos desafiados.

Procure entender que sua força de vontade pode ser desenvolvida dia após dia. Acredite: ao fazer as pazes com essa importante habilidade, suas outras competências se abrirão para você.

Mesmo quando não sentir vontade, faça algo que trará benefícios para sua saúde, seus relacionamentos, sua carreira. Muita gente perde tempo esperando estar com o corpo sarado para começar a frequentar uma academia. Muitos alunos esperam o momento em que vão dominar a matéria para perguntar algo na aula. Percebe a inversão aqui? É indo malhar, com ou sem vontade, que ficamos com o corpo saudável. É perguntando que se aprende.

A autoestima pode ser o ponto de partida, mas ela é o efeito e a consequência do quanto você se estima, do quanto se considera, do quando se leva a sério. Uma pessoa que, com ou sem vontade, com ou sem incentivo dos outros, está constantemente cultivando pensamentos, sentimentos e ações que lhe fazem bem, é alguém que se estima.

Este é o convite final que deixo para você: que essa leitura, que as ideias compartilhadas aqui, o inspirem a sonhar. Espero, também, que você não fique apenas no sonho, mas que se permita, se encoraje, arregace as mangas e dê o melhor para superar a si mesmo. Um pouquinho a cada dia. Quando nascemos, diz-se que nossa mãe deu à luz. Acredito que nosso grande propósito nessa vida é encontrar, proteger e honrar nossa luz, nosso interior. Que tal ser aquela pessoa com luz própria que, com o olhar, ilumina o mundo por onde passa? ■

Tenho **em mim**
todos os sonhos
do mundo.

FERNANDO PESSOA

Filmes e séries sobre superação e equilíbrio emocional

● Filmes:

À procura da felicidade (2006)

Chris Gardner (Will Smith) é um pai de família que enfrenta sérios problemas financeiros. Certo dia, apesar de todas as tentativas em manter a família unida, sua esposa Linda (Thandie Newton) decide partir, deixando-o sozinho com Christopher (Jaden Smith), seu filho de apenas 5 anos. Para superar as dificuldades e dar um futuro melhor ao filho, Chris usa suas habilidades de vendedor para conseguir um emprego melhor.

A teoria de tudo (2014)

Aos 21 anos, o famoso físico britânico Stephen Hawking foi diagnosticado com esclerose lateral amiotrófica (ELA), uma doença degenerativa que não possui cura. Debilitado e sem perspectivas de melhora, Hawking luta diariamente contra a dor, o preconceito e as dificuldades causadas por sua condição, mas nunca desiste de seguir seu sonho: de se tornar um grande astrofísico.

A vida é bela (1997)

Na Itália, durante a Segunda Guerra Mundial, o judeu Guido (Roberto Benigni) e seu filho, o pequeno Giosué (Giorgio Cantarini), são enviados para um campo de concentração na Alemanha. Para proteger a criança da violência da guerra, Guido utiliza sua imaginação e seu bom humor para fingir que os dois estão participando de um jogo, no qual precisam ser campeões.

Arremesso final (2020)

Esse relato sobre a trajetória do time Chicago Bulls nos anos 1990 traz imagens inéditas da temporada de 1997-1998. Michael Jordan, Scottie Pippen, Dennis Rodman, Phil Jackson e outras estrelas do basquete contribuem com a história desse time lendário que marcou gerações.

Bohemian Rhapsody (2018)

Na década de 1970, Freddie Mercury (Rami Malek) e seus companheiros Brian May (Gwilym Lee), Roger Taylor (Ben Hardy) e John Deacon (Joseph Mazzello) revolucionam para sempre o mundo da música ao formar a banda Queen. Porém, quando o estilo de vida de Mercury começa a trazer consequências para a banda, eles precisam aprender a conciliar fama e sucesso com suas vidas pessoais, que se tornam cada vez mais complicadas.

Extraordinário (2017)

Auggie Pullman (Jacob Tremblay) é um menino que nasceu com a síndrome de Treacher Collins, doença que causa deformação facial. O filme, que relata uma bela história de superação, é baseado no livro homônimo de Raquel Jaramillo Palacio e aborda a importância da autoaceitação e do amor.

Joy: o nome do sucesso (2016)

Joy (Jennifer Lawrence) é uma jovem brilhante, mas sua vida pessoal é bastante complicada. Divorciada e mãe de dois filhos, ela vive com seus pais, que moram juntos mesmo tendo se divorciado há dezessete anos, e com o ex-marido, que mora no porão. Criativa desde a infância, Joy desenvolve um esfregão de limpeza que se transforma em um fenômeno de vendas, fazendo da jovem uma das empreendedoras de maior sucesso dos Estados Unidos.

Intocáveis (2011)

Philippe (François Cluzet) é um multimilionário rabugento que ficou tetraplégico após sofrer um grave acidente. Cansado de assistentes bajuladores, mas precisando de alguém ao seu lado, ele contrata o jovem Driss (Omar Sy), um ex-presidiário que não possui nenhuma experiência em cuidar de pessoas. Após momentos de desentendimentos e cumplicidade, retratados em cenas cômicas e tocantes, os dois começam a construir uma bela amizade.

O escafandro e a borboleta (2008)

Jean-Dominique Bauby (Mathieu Amalric) tem 43 anos, é editor da revista *Elle* e um homem apaixonado pela vida, até que, subitamente, sofre um derrame cerebral. Ao acordar, vinte dias depois, ainda está lúcido, mas sofre de uma rara paralisia: o único movimento que lhe resta é o do olho esquerdo. Mas Bauby não se curva ao destino. Ele aprende a se comunicar piscando, indicando as letras do alfabeto até formar sentenças completas. Para criar o próprio mundo, ele conta com tudo aquilo que o acidente não paralisou: sua imaginação, sua memória e sua vontade de viver.

Walt antes de Mickey (2015)

Desde criança, Walt Disney adorava desenhar os animais da fazenda onde morava. Depois de adulto, então, resolveu tentar a sorte como animador na cidade grande. Decidido a criar a própria empresa, que lhe permitisse trabalhar no que gostasse, ele enfrenta diversos obstáculos até ter a grande ideia de sua vida: um ratinho chamado Mickey Mouse.

● Séries:

A vida e a história de Madam C.J. Walker (2020)
Antes de se tornar Madam C.J. Walker (Octavia Spencer), famosa ativista social e a primeira mulher negra que se tornou milionária dos Estados Unidos, Sarah Breedlove batalhou muito para conquistar a própria fortuna. Em meio a um contexto de segregação racial, vítima de preconceitos e traições, ela conquista o mercado com um produto revolucionário: uma linha de produtos capilares e cosméticos para mulheres negras.

Anne with an E (2017)
No século XIX, a vida de Anne (Amybeth McNulty) muda completamente quando ela é adotada por um casal de irmãos, passando a viver em uma enorme fazenda que não impõe limites à sua imaginação. Apesar de seu duro passado e do preconceito que sofre por ser órfã, a menina sempre consegue se superar e provar não apenas para si mesma, mas também para todos ao seu redor, que ela pode ser o que quiser. A série também debate pautas atuais como machismo, racismo e homofobia.

Designated Survivor (2016)
Uma explosão em Washington tira a vida do presidente norte-americano e de todos os membros do seu gabinete, exceto de Tom Kirkman (Kiefer Sutherland), secretário de Habitação e Desenvolvimento Urbano dos Estados Unidos. Ele, então, é nomeado sobrevivente designado, o oficial de mais alto posto da linha, tornando-se o novo presidente dos Estados Unidos.

Grace and Frankie (2015)
Após décadas de casamento, os maridos de Grace (Jane Fonda) e Frankie (Lily Tomlin) decidem assumir o relacionamento amoroso que vinham mantendo em segredo. Com o divórcio, as antigas rivais se veem obrigadas a superar as diferenças: aos 70 anos, elas precisam aprender a viver uma nova vida enquanto lidam com os diversos dramas dos filhos e ex-maridos. A série traz uma perspectiva diferente sobre a terceira idade, mostrando como é possível se adaptar a mudanças bruscas e tirar o melhor dessas experiências.

Mr. Selfridge (2013)
Harry Gordon Selfridge (Jeremy Piven) é um empreendedor norte-americano que teve uma ideia inovadora: em 1909, ele decidiu abrir uma loja de departamentos em Londres, rompendo com diversos paradigmas e superando muitas adversidades até se tornar um empresário de sucesso.

O código Bill Gates (2019)
Em uma jornada inesquecível pela mente de Bill Gates, descobrimos fatos inéditos sobre a vida do famoso milionário que revolucionou a tecnologia: suas influências, suas dificuldades e as metas que ainda pretende alcançar.

Suits (2011)
Após abandonar a faculdade de Direito, Mike Ross (Patrick J. Adams), um jovem brilhante, consegue uma entrevista com o respeitado Harvey Specter (Gabriel Macht), um dos melhores advogados de Manhattan. Ao perceber o talento nato e a incrível memória fotográfica do garoto, Harvey o contrata e, juntos, eles formam uma dupla imbatível. No entanto, mesmo sendo um gênio, Mike ainda tem muito a aprender sobre o Direito, e Harvey, mesmo sendo um advogado experiente, também tem muito a aprender com sua nova dupla, que o ensina a enxergar seus clientes de outra maneira.

The Marvelous Mrs. Maisel (2017)
Extravagante e de bem com a vida, Miriam "Midge" Maisel (Rachel Brosnahan) leva uma vida feliz ao lado do marido, até que ele decide deixá-la para investir em sua carreira de comediante. Depois de muito sofrer, uma série de eventos acaba levando a moça a se tornar uma comediante de sucesso, ganhando muito mais destaque do que o ex-marido.

● **Vídeos inspiradores:**

Sêneca e a raiva
por **Alain de Botton**

O poder de acreditar que se pode melhorar
por **Carol Dweck**

O olhar do SIM: lições do palhaço e do improviso
por Márcio Ballas

 O que aprendi com meus fracassos
por Felipe Pena

 Sobre a obrigação de ser feliz
por Sandra Flanzer

 O perigo da história única
por Chimamanda Adichie

 O belo equilíbrio entre medo e coragem
por Cara E. Yar Khan

 Esmague o medo, aprenda o que quiser
por Tim Ferriss

As mentiras que nossa cultura nos conta sobre o que realmente importa – e como podemos viver melhor
por David Brooks

Por que ignoramos problemas óbvios – e como agir sobre eles
por Michele Wucker

Sucesso, fracasso e motivação para continuar criando
por Elizabeth Gilbert

● **Playlist – Músicas para superação emocional:**

https://open.spotify.com/playlist/50lO7-mjyQxBfXj25SiuXpW?si=rRaALY-dT3uS-DYMcXDOUTQ

Referências

AVOT, Pirkê. *Ética dos pais*. São Paulo: Maayanot, 2015.

BECK, Judith S. *Terapia cognitivo-comportamental: teoria e prática*. Porto Alegre: ArtMed, 2013.

DAMÁSIO, António R. *E o cérebro criou o homem*. São Paulo: Companhia das Letras, 2011.

DEBORD, Guy. *A sociedade do espetáculo*. Rio de Janeiro: Contraponto, 1997.

DUHIGG, Charles. *O poder do hábito: por que fazemos o que fazemos na vida e nos negócios*. Rio de Janeiro: Objetiva, 2012.

DWECK, Carol. *Mindset: a nova psicologia do sucesso*. Rio de Janeiro: Objetiva, 2017.

FESTINGER, Leon. *A Theory of Cognitive Dissonance*. Palo Alto: Stanford University Press, 1957.

FRANKL, Viktor E. *Em busca de sentido: um psicólogo no campo de concentração*. Rio de Janeiro: Vozes, 2017.

GONÇALVES, Óscar F. *Psicoterapia cognitiva narrativa: manual de terapia breve*. Campinas: Psy, 1998.

GOTTLIEB, Lori. *Talvez você deva conversar com alguém: uma terapeuta, o terapeuta dela e a vida de todos nós*. Belo Horizonte: Vestígio, 2020.

KOHAN, Walter. *Paulo Freire mais do que nunca: uma biografia filosófica*. Belo Horizonte: Vestígio, 2019.

LA BOÉTIE, Étienne de. *Discurso da servidão voluntária*. São Paulo: Martin Claret, 2018.

MARINOFF, Lou. *Mais Platão, menos Prozac*. Rio de Janeiro: Record, 2001.

MCGONIGAL, Kelly. *Os desafios à força de vontade: como o autocontrole funciona, por que ele é importante e como aumentar o seu*. Rio de Janeiro: Objetiva, 2014.

PLATÃO. *A República*. Lisboa: Fundação Calouste Gulbbenkian, 2001.

SAINT-EXUPÉRY, Antoine de. *O Pequeno Príncipe*. Belo Horizonte: Autêntica, 2015.

SHIMOFF, Marci. *Os sete passos para ficar de bem com a vida*. Rio de Janeiro: BestSeller, 2008.

VIORST, Judith. *Perdas necessárias*. São Paulo: Melhoramentos, 2005.

WILLINK, Jocko; BABIN, Leif. *Extreme Ownership: How U.S. Navy SEALs Lead and Win*. Nova York: St. Martin's Press, 2017.

Agradecimentos

À Manoela Rodrigues da Silva, que, ao longo da minha adolescência, me ensinou que um homem de verdade é aquele que não apenas sonha, mas que realiza.

Ao mestre de artes marciais Adriano Silva, que me ensinou que há os atletas ordinários, que treinam o básico, e os "extra"ordinários, que dão tudo de si para serem os melhores em sua categoria.

À minha amiga e mentora espiritual Esther Shani, criadora do Método Hadas de independência emocional. Suas ideias sempre me inspiram a buscar o melhor de mim.

À minha querida amiga e editora Rejane Dias, pela acolhida e pelo incentivo. Todo o suporte dado à produção desta obra, feita de forma ágil, leve e descomplicada, me emocionaram e já deixaram aquele gostinho de quero mais. À minha editora Flavia Lago, que deu tudo de si para que estas ideias ganhassem vida em tempo recorde, transformando esse sonho em realidade. Ao Diogo Droschi, Larissa Mazzoni, Samira Vilela e toda a equipe do Grupo Autêntica que se envolveu nesse projeto, pelo empenho e dedicação primorosos.

À Daniela Portugal, pela escuta atenta dos manuscritos, pelo incentivo e pelas pesquisas de conteúdo. Você teve uma participação determinante nesse processo, e serei sempre grato pela sua contribuição.

À minha amiga-irmã Celi Piernikarz, pelo apoio emocional, pelas palavras de encorajamento e pela amorosidade nestes tempos de isolamento em que nos conectamos ainda mais.

Ao meu analista Luiz Gonzaga Sanseverino Jr., uma pessoa ímpar, de uma sensibilidade singular diante da vida. Ao seu lado, me sinto estimulado a me superar e a preservar meu equilíbrio emocional, dando um salto de qualidade em meus pensamentos, sentimentos e ações.

Ao Prof. Dr. Paulo Augusto Lima Pontes, que salvou minha vida ao me livrar de uma "bolinha" no pescoço. Minha profunda gratidão, também, ao amigo Prof. Dr. Marcos Knobel, que me deu tranquilidade em um dos momentos mais desafiadores da minha vida, e ao Prof. Dr. Ricardo Aun. As oito horas de dedicação de todos vocês valeram uma eternidade para mim.

À minha mãe, por sempre acreditar no meu potencial e nunca me deixar nivelar meus sonhos por baixo. Mãe, você é uma mulher batalhadora, desbravadora, e sua trajetória profissional sempre foi uma inspiração. Ao meu pai, pelos valores transmitidos, pela elegância no trato com os demais e pelo carinho que sempre me dedicou, me inspirando a ser uma pessoa de luz.

Aos meus sócios Patrícia Patané, Silvana Pepe e Tadeu Patané, pela acolhida de sempre e para sempre, pelas palavras generosas e pelo constante estímulo para criar mais para a vida, com a vida e pela vida. Ao lado de vocês, me sinto capaz de conquistar o mundo e de transformá-lo em um lugar melhor para todos.

À minha parceira de vida e carreira Mariana Fancio Gonçalo. Suas palavras, ideias e ideais me acompanharam ao longo da produção desta obra. Muitas vezes conversei com você dentro da minha mente para escolher as melhores palavras, a forma mais honesta de inspirar os leitores e leitoras. Obrigado por tudo, sempre.

Ao meu assessor de relações públicas, André Martins, pelos cuidados atentos na relação com os leitores que me acompanham pelas mídias sociais. Seu olhar e seus gestos diante daqueles com quem nos relacionamos são muito preciosos.

Ao meu secretário André Pereira, pelos cuidados com meus compromissos. Sua assessoria indispensável me permite ter a tranquilidade e a segurança necessárias para lidar com minha desafiadora agenda. À minha assistente Cecília de Oliveira, pelas palavras sempre queridas e pelo clima caloroso que traz à nossa equipe.

À equipe da OPEE Educação, pela honra de ter vocês ao meu lado nessa missão de inspirar alunos, educadores, pais e mães, a construir projetos de vida sadios, eficazes e felizes. Que esta obra lhes traga ainda mais incentivo para brilhar e fazer brilhar o mundo à sua volta. Vanderlene Marafão, Daniele Dias Gomes, Luciana Araújo Santana, Cristiane Zorrer Moreno, Fernanda Galisteu, Ellen Sassaki, Robson Quirino Salvador, Francisco Costa, Bianca Mazzi, Patrícia Pereira, Fátima Dantas, Daniella Barreto, Kauane Miranda, Jade Gonçalves, Mariana Fancio Gonçalo, Danielle Moura, Abdias Gomes da Silva Filho, Alberto Carneiro, muito obrigado!

Este livro foi composto com tipografia Adobe Garamond e impresso
em papel Off-White 90 g/m² na Formato Artes Gráficas.